用幽默 Humorous way to say your opinion
的方法，說出你的看法 全集

用幽默心情**搞定那些惱人的事情**

《罵人不必帶髒字》
系列暢銷作家
文彥博 編著

chocolate
better
than
I

Fun

humor

中國當代作家王蒙曾說：
幽默是一種酸、甜、苦、鹹、辣混合的味道。嚐起來似乎沒有痛苦和狂歡強烈，但應該比痛苦狂歡還耐嚼。」

罵人不必凶巴巴，想讓對方明白是非也不一定要暴跳如雷。如果能用幽默的方法，表達自己的看法，對方的體悟必定更加深刻。
忍不住脫口罵出一長串髒話，對心情對事情其實都沒有太大的幫助，反而還會讓對方懷恨在心。
只要能保持幽默的心情，再機車的人，再棘手的事情，也可以輕輕鬆鬆搞定。

出 版 序　　　　　　　　　　　　　● 文彥博

用幽默的方法，說出你的看法

你必須頭腦冷靜地控制自己的情緒，運用語言的藝術，尤其是以急中生智的幽默感，既指出對方的謬誤，又表達自己的意思。

中國當代作家王蒙曾說：「幽默是一種酸、甜、苦、鹹、辣混合的味道。嚐起來似乎沒有痛苦和狂歡強烈，但應該比痛苦狂歡還耐嚼。」

罵人不必凶巴巴，想讓對方明白是非也不一定要暴跳如雷。如果能用幽默的方法，表達自己的看法，對方的體悟必定更加深刻。

如果你光會用嘴巴罵人，通常會口不擇言，讓被罵的人認為你滿腦子偏見又沒有修養，但是，如果你懂得動腦筋罵人，卻會讓被罵的人認為你「對事不對人」，罵得很有道理。

罵人不一定要用

髒話，開罵之前，一定要先動點腦筋，既指出對方的錯謬，又不致讓對方惱羞成怒。

漢武帝即位之後，開始討厭撫養自己長大的乳娘，嫌她好管閒事，事無大小都囉哩囉嗦，後來便決定將她趕出宮外。

乳娘在皇宮住了幾十年，當然不願離開宮廷生活，在無可奈何的情況下，便向漢武帝身邊的紅人東方朔求助，希望他能幫忙說些好話緩頰。她把事情告訴東方朔後，東方朔安慰她說：「這沒什麼困難，只要妳向皇上辭行的時候，回頭看皇上兩次，我就有辦法了。」

東方朔以機智幽默著稱，是清朝大文人紀曉嵐最推崇的人物。

他深知漢武帝是乳母一手撫養大的，乳母對他的恩情勝似生母。但是，乳母也有不是的地方，喜歡多嘴饒舌，尤其是漢武帝即位後，已經貴為一國之君，她卻不知收斂，常常毫不客氣地指出他的缺失，使得他下不了台階。

但不管怎樣，乳母終究是乳母，雖有小過錯，還不至於非把她趕出去不可，因而東方朔決意幫助乳母。

到了送乳娘出宮的日子，乳娘叩別漢武帝後，滿眼淚水，頻頻回頭向武帝看幾次。這時，東方朔乘機大聲說：「喂！乳娘，妳點快走吧！皇上早已經長大，用不著妳餵奶了，妳還擔心什麼呢？」

漢武帝一聽到此話，心弦不禁一震，感到十分難過，想起自己是乳母餵養長大的，而且她又沒犯什麼重大過錯，就立刻收回成命，讓她繼續留在宮中。

　　東方朔不愧是處理人際關係的高手，如果他直接向漢武帝進諫，搞不好會使漢武帝惱羞成怒，反而把事情弄得更糟。

　　他採用「指桑罵槐」的策略，輕鬆地達成目的，可謂「罵人不帶髒字」。

　　其實，在現代的日常生活中，我們也屢屢見到令人滿或生氣的事情，然而，在某些公眾場合，或因為事情的敏感性，或涉及某些身貴名顯的人，或考慮到別人的自尊心，不便公開地直接罵人，這時，「罵人不帶髒字」的批評方法就可以派上用場。

　　當然，罵人並不是面對事情的最好方式，有時以讚美、鼓勵的方式來激發對方的優越心理，也是不錯的「滲透」方式。

　　我們在日常的社交活動中，總難免遇到一些令人難堪的窘境和難以回答的問題。這時候該如何說話最恰當？

大原則應該是明辨事理，說話得體；該直言則直言，該含糊就含糊，該超脫就超脫。總之，從實際出發，視情況而定。但是，有一點要特別注意：當有人故意給你難堪，並使你的感情受到傷害，你可不要只顧著氣憤，更不要大發雷霆去硬碰硬，那樣只會使矛盾激化，鬧得兩敗俱傷。

　　當然，你也不可只張口結

舌、滿臉羞紅，使對
方覺得你軟弱可欺，
那樣他可能會變本加
厲地嘲弄你。你必須
頭腦冷靜地控制自己
的情緒，運用語言的
藝術，尤其是以急中
生智的幽默感去對付。

英國作家司各特曾經在《雜文集》裡寫道：「充滿機智的幽默是多麼艷麗的服飾，又是何等忠誠的衛士！它遠遠勝過詩人和作家的智慧，它本身就是一種才華，能夠杜絕所有的愚昧。」

當你面對一樁又一樁的惱人事情，面臨受也受不完的鳥氣，與其憤怒地破口大罵，還不如想辦法透過幽默的方法，婉轉說出自己的看法。

讓人發噱的幽默言談，往往更能讓對方深思你要表達的意思。

當你忍不住想要出口成「髒」時，不妨懸崖勒馬，改用詼諧的方式表達。用幽默心情面對週遭那些惱人的事情，不僅能讓自己保持輕鬆愉快，更可以保持和諧的人際關係。

最高明的罵人方式就是不帶任何髒字，但所說的話卻比髒話還要有效。想到達這個境界，關鍵就在於是否懂得罵人的藝術。

本書是《罵人不必帶髒字》系列書籍的超強續集，內容著重於如何用幽默、婉轉的方式，既指出對方的謬誤，又表達自己的意思，希望能讓讀者在輕鬆閱讀的同時增強說話的功力。

C ONTENTS

Chapter 3
用回馬槍回敬對方

用幽默的方法說出自己的看法，
可以說是聰明人的回馬槍，
往往能一槍刺中要害，
讓對方徹底看清自己的嘴臉。

Chapter 4
遭受惡意攻擊要伺機反擊

越是遭人攻擊，越是要冷靜下來，
學會自保之道，才不會白白挨打；
不論刀來劍來，都要能予以格開並適時反擊。

C ONTENTS

Chapter 5
想罵人，要以退為進

機智幽默可以說是人際應對不可或缺的智慧，
尤其是當自己出糗或遭到言語攻擊之時，
適時發揮機智幽默反唇相譏，
絕對可以扳回一城。

Chapter 6
用幽默創造出其不意的效果

不管是什麼樣的境況，
都要在幽默與創意的推波助瀾之下，
順時順勢為自己謀得成功的契機。

Chapter 7
裝傻，也是一種應變的方法

裝傻是一種應變的高招，能為我們爭取機會，
遇到麻煩的事，與其對著對方大吼大叫，
不如將身段放軟。

Chapter 8
幽默的態度表達自己的堅持

採用幽默的手法，把場面的氣氛先設定好，
找出一個彼此都可以接受的談判結果，
否則你來我往的鬥智，仍得持續下去。

C ONTENTS

Chapter 9
反應快，不等於嘴巴壞

很多人往往為了逞口舌之快，
忽略了說出去的話就像潑出去的水，
不僅造成他人的傷害，
同時也破壞自己辛苦建立的形象。

Chapter 10
保持冷靜，才不會做出荒謬決定

過度投入與狂熱，往往會讓人喪失理智，
在瞬間成為情感的奴隸，
做出平常自己不會做的事。

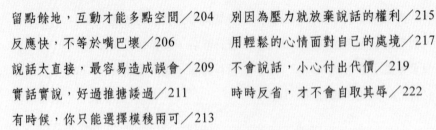

Chapter 11

懂得說好話，才能辦好事

俗話說：「嘴甜好辦事。」
如果一抹微笑、幾句讓人聽得舒坦的話，
可以讓你達到目的，那麼何樂而不為呢？

Chapter 1

用對方的邏輯，
做最有效的反擊

「以子之矛，攻子之盾」是辯論必勝的秘訣，

不過，這還得靠平時多多訓練，

讓應變力更機敏，才能運用自如。

用對方的邏輯，做最有效的反擊

「以子之矛，攻子之盾」是辯論必勝的秘訣，不過，這還得靠平時多多訓練，讓應變力更機敏，才能運用自如。

在所有唇槍舌劍的短兵相接中，提出自己的意見與想法企圖說服對方，只能算是中規中矩的做法；要讓對方答無可答、摸摸鼻子自認投降，最快最狠的一招，就是用對方的邏輯打敗他。

一個家長帶著他的寶貝兒子到補習班報名學英文，千挑萬選之下，最後選中了「何嘉仁美語」。

豈料上課之後，家長才發現並不是何嘉仁「本尊」上課，便氣沖沖地帶著孩子到補習班櫃台開罵：「我問妳，你們既然是何嘉仁美語，爲什麼何嘉仁不親自出來教？」

沒想到，櫃台小姐只冷冷地回他一句話：「哦，難道長頸鹿美語就要找長頸鹿來教嗎？」

另一則類似的故事是，有位女作家出版一部長篇小說引起轟動，成爲年度最暢銷的熱門書。在慶功宴上，許多人向女作家表示祝賀，誰知一個心理不平衡的評論家突然大聲對她說道：「您這部書的確十分精采，能不能透露一下，究竟是誰替您寫的？」

　　女作家正陶醉在眾人的讚揚中，誰知評論家竟公然出言詆毀，擺明了要和自己過不去。只見她露出溫和的笑容，對評論家說道：「您能這樣公正恰當地評價我的作品，我感到十分榮幸，您能不能告訴我，這本書是誰替您讀的？」

用 幽默的方法，說出你的看法

　　故事中的何嘉仁櫃台小姐和女作家，不但迅速地回答了挑釁的問題，還很巧妙地利用同樣的邏輯反將對方一軍，反應之快，還真是讓人不得不佩服！

　　當你在社會上遭遇過許多人之後，或許就會發現，人往往抱持著「別人怎麼樣是別人的事，我的想法才對我自己有用」的心態，若是不能用他們的那一套來說服他們，彼此之間根本沒有辦法找到交集，更別提要傳達自己意思讓對方明白了。

　　廣義來說，邏輯是一種語言，思考方式也是一種語言，當我們要讓對方知道自己的意思時，最好是用對方慣用的語言，就像到日本要說日語、到法國最好說法語一樣。

　　很多廣告宣傳，同樣也是針對不一樣的目標族群，使用不同的邏輯跟語言來達到他們的目的，這類的例子可謂多不勝數，效益也頗為可觀。

　　可以說，這招「以子之矛，攻子之盾」是一套必勝的秘訣，不過，這並不那麼容易的，得靠平時多多訓練自己的反應，讓臨場應變力更機敏，才能運用自如，達到「一招致勝」的效果。

懂得如何溝通，心靈才會相通

許多夫妻之所以感情不睦，都是因為缺乏溝通的方法，只知道向伴侶提出要求，卻忘了解釋要求的理由。

作家格拉登曾經說過：「最高明的諷刺，是既能令人莞爾，同時也能發人深思和惕勵。」

遇到不合理的事情，大發脾氣並不能解決問題，一個真正有智慧的人，會選擇用幽默的方法表達自己的看法。想批評、指責對方，不一定要板著臉孔，如果你懂得發揮創意，適時幽對方一默，更能達到自己的目的。

一個男人下班之後，到家裡附近的酒吧消磨了好一陣子，一直到晚上十點鐘左右，才拖著疲憊的腳步回家。

一踏進家門，妻子正坐在飯桌旁等他。她雖然一臉無奈，卻沒有多加盤問或責備，只是溫柔地問丈夫，「肚子餓不餓？要不要吃飯？」

由於男人在酒吧裡已經吃了東西，因此敷衍了妻子幾句，什麼也沒吃就直接上床睡覺去了。

到了凌晨四點鐘，男人突然被耳邊的鬧鐘吵醒。只見他不情

不願地起床扭開電燈，看見鬧鐘上設定的時間，頓時感到非常生氣，便拿著鬧鐘質問身旁的妻子，要求她做出解釋。

「嗯，是這樣的，」妻子用十分平靜的語氣說：「如果你下班之後需要花四個小時的時間才能回到家裡，我想你上班應該也需要花同樣的時間。親愛的，我不希望你上班遲到！」

用 幽默的方法，說出你的看法

夫妻是最親密的伴侶，兩個人的關係甚至比血緣相連的親人還要親。既然是彼此最親密的人，更應該用幽默的方法讓對方了解自己的想法。

許多夫妻之所以感情不睦，都是因為缺乏溝通的方法，只知道向伴侶提出要求，卻忘了解釋要求背後的理由。

也或許是因為要求的方式、時機不對，使得自己好說歹說，對方卻乾脆來個相應不理，溝通宣告失敗，從此誰也不願開誠佈公地好好談一談。一對不能了解彼此心意的伴侶，又怎麼可能會相處得愉快呢？

因此，如果伴侶之間的相處遭遇到瓶頸，最好的方法，就是選擇一個對方可以接受的方式，好好把話說開。這總比開罵好，不僅讓他有機會徹底了解你的想法，也讓你有機會更清楚的認識他。

幽默和缺德只有一線之隔

 幽默和缺德只有一線之隔，把話說出口之前，請你務必要提醒自己多一點幽默，少說一些缺德話。

世上最容易替自己招來禍事的東西是名貴的寶石？珍貴的寶物？還是人人都想要追求的名利？

這些答案都對，只是，金銀珠寶以及權力地位並非那麼容易就能得到，也不是人人都可以擁有的，不過，有樣最會招來禍事的東西，卻每個人都有！

這樣東西不在別的地方，就長在每個人的嘴裡，並且越老越毒越辣，毒辣到讓人難以承受！

有一天，一位身材十分豐滿的太太正沿著街道散步，此時卻有個陌生人緊緊地跟在她的後面。

「你想做什麼？」胖太太回過身問道：「想做什麼壞事情嗎？」

只見那人回答：「不，夫人，我只是喜歡在陰涼的地方散步。」

這話實在太傷人了，比直接罵她「肥豬」還惡毒！人家只不

過比較胖而已，又沒得罪你，幹嘛那麼尖酸刻薄？

再看看下面這則毒舌笑話！

有一位婦女站在車輛川流不息的馬路中央，很沒禮貌地對著一旁指揮交通的員警喊道：「喂，警察先生，去醫院怎麼走？」

警察笑著答道：「您在那裡再多站一會兒，就會有人送您去醫院了！」

用 幽默的方法，說出你的看法

人的舌頭能有多毒？嘴巴能有多壞？不妨看看前面這兩則趣談吧！打開電視，許多節目主持人喜歡以「損人」為樂，用各種方法嘲弄人、挖苦人，還表示這些都是「觀眾愛看，所以故意製造出來的『笑果』」！

不過，看到這些笑話而拍案叫絕的朋友，你是否曾經想過：如果你是故事裡被消遣的對象，還能笑得出來嗎？還是覺得自尊心受損？每個人或多或少都有被別人的話刺傷的經驗，不妨問問自己，當時的感覺如何？

有句話說：「惡語傷人恨未消。」言語帶來的傷痕與恨意不但是即時的，還可能留在對方心裡很久很久。看看許多名嘴惹上的風波，不正是因為禍從口出嗎？幽默和缺德只有一線之隔，把話說出口之前，請你務必要提醒自己多一點幽默，少說一些缺德話，肯定就可以為自己避免掉很多無謂的禍事。

別當自以為是的驢子

一旦被驕傲，蒙住眼睛，就如同一隻自以為是的驢子，無法忍受批評也無法檢討自身，這樣的驕傲留給我們的只有壞處。

有位文學家在作品中曾這樣寫道：「害人的舌頭比魔鬼還要厲害，上帝意識到了這一點，用祂那仁慈的心，特地在舌頭外面築起一排牙齒，兩片嘴唇，目的就是要讓人們講話通過大腦，深思熟慮後再說，避免出口傷人。」

儘管大家都知道罵人不好，罵人不對，但是碰到高傲或白目的人，卻又受不了，忍不住想損他幾句。這時候，不妨找個適當機會，發揮「罵人不帶髒字」的智慧回敬，給對方一點顏色瞧瞧。

著名的詩人海涅是猶太人，經常遭到一些「大日爾曼主義者」攻擊。一次晚會上，一個旅行家故意對海涅講述他環球旅行中發現的一個小島。

旅行家說著說著，突然誇張地問道：「你猜猜看，在這個小島上，有什麼現象最使我感到驚奇？」他不懷好意地看著海涅，接著說道：「這個小島，竟沒有猶太人和驢子！」

這簡直是繞著彎罵人，只是他踢到鐵板了！海涅白了這個旅

行家一眼，氣定神閒地反擊道：「這還不簡單，只要我和你一塊到小島上去一趟，就可以彌補這個缺憾了！」

用幽默的方法，說出你的看法

有傲氣不見得是壞事，舉凡藝術家、文學家，雖然平時態度都會有謙恭的態度，但是在藝術領域上卻恰恰相反，否則就沒有辦法培養對自己的堅持；一個人有傲氣也不見得是壞事，因為卑躬屈膝的行徑，有些人就是做不來，硬要勉強反而痛苦。

但要注意，千萬別讓自己的驕傲刺傷了別人，更不要因而傷了自己。

故事中的旅行家就是最好的負面例子。

刺蝟般的驕傲，只會為我們帶來無窮的禍事，被刺傷的人若是肚量好能夠一笑置之也罷；但肚量狹窄的人，就可能在心裡留下疙瘩，甚至伺機報復。

一旦被驕傲蒙住眼睛，就如同一隻自以為是的驢子，無法忍受批評也無法檢討自身，這樣的驕傲留給我們的只有壞處，絕不會有什麼好處。

英國詩人濟慈說得好：「驕傲和豐裕共進早餐，和貧困共進午餐，和狼藉的聲名共進晚餐。」小心，過分的驕傲，終有一天會讓自己步向不幸的後果。

心情平靜，做事才會冷靜

一個不容易被激怒的人，自然有更充裕的時間
與心情來面對一切，也能避免因為一時衝動而
說錯話、做錯事。

美國哲學家愛默生曾經這麼說：「凡有良好教養的人都有一
個禁誡：不要亂發脾氣。」

面對張牙舞爪的對手，如果你也跟著動怒，可能就難以用冷
靜輕鬆的態度處理當下的情況了。

人難免會遇到跟有心結的人狹路相逢的時候，此時，不妨學
學歌德的這一招「以退為進」吧！

有一次，德國詩人歌德獨自在公園裡散步。

在經過一條僅容一個人通過的小道之時，恰巧遇到一位曾經
胡亂指責過自己作品的批評家。

眼看兩人越走越近，幾乎已經到了面對面的地步。

「我從來不讓路給蠢貨。」批評家率先傲慢開口。

「我卻正好相反！」歌德說完，笑著退到路旁。

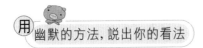
用 幽默的方法，說出你的看法

　　這一場狹路相逢的交鋒，不用說，當然是歌德贏了。而對方被歌德這麼一說，就算要退也已經太遲了，想來他一定十分尷尬與惱怒吧？

　　這位批評家的行事說話如此，我們自然可以想見他的心胸如何、眼界如何，對於所謂「文學批評」的可信度，自然也要抱持懷疑的眼光了。

　　反觀歌德這種從容自然的態度與幽默感，不也正是他個性的寫照嗎？沒想到，只是公園裡一條小小的路，竟然就能清楚呈現出這兩個人的人格高下。

　　當然，要能這麼做，自己的心態調整也很重要。

　　一個不容易被激怒的人，自然有更充裕的時間與心情來面對一切，也能避免因為一時衝動而說錯話、做錯事。

　　歌德為世人示範了與人「狹路相逢」之時的智慧與幽默，希望我們也能夠學到他的自在從容！

提醒他人也要顧及對方自尊

千萬別忽略了人的自尊心，如何在不傷及對方自尊的情況下，圓滿達成提醒他人目的，這就考驗著每個人的圓融度了。

不要忘記，在提醒他人的同時，也要懂得給人台階下，不要讓對方太過難堪。這時就要多多運用幽默的說話方式，如此一來，不僅能讓對方明白你的意思，也能顧及自己的顏面。

威廉教授是個和善而幽默的老頭子，待學生十分親切，在他的班上，有一位高大強壯的體育生。

大家都知道，這類學生通常不喜歡上課，能混就儘量混。每次上課，當教授的聲音響起，這名體育生就開始趴在桌上睡覺，直至下課時才醒來。

有一天，體育生遲到了，威廉教授於是親切地對他說：「傑克，以後請你不要遲到，這會影響你正常睡眠的。」

用 幽默的方法, 說出你的看法

教授說得很委婉，也未必有惡意，不過這種幽默的「棉裡

針」，有的時候卻比直接指著鼻子罵人，還更要發人深省。

　　處在現代社會裡，人與人之間的競爭意識更甚以往，只要稍做退讓，可能就會被人當做傻瓜生吞活剝，「溫良恭儉讓」已經不再被視為美德，反而帶有貶抑的意味。在這樣的環境裡，似乎沒有什麼空間讓人把姿態放軟，每個人都氣焰高漲地相互爭執或指責，直接而又不留情面。

　　固然，這是一種生存的辦法，在社會上也能免於吃虧，不過有的時候，當我們希望別人聆聽自己的意見時，直來直往的說話方式卻未必最好。

　　每個人都不喜歡被人指著鼻子說出自己的錯誤，用這種方式規勸別人，得到的反彈可能也比反省更大。

　　就算再理直氣壯，就算你自認苦口婆心，也千萬別忽略了「人性」。人都有自尊心，如何在不傷及對方自尊的情況下，圓滿達成提醒他人的目的，這就考驗著每個人的圓融度了。

　　別忘了，要能在這個世界順利生存，除了氣勢上不能輸，能不能適時放軟姿態也是很重要的！

有時間抱怨，不如好好充實自己

與其花時間討論上司討人厭的地方，不如埋首努力工作。有機會的話，還能得到升遷的機會，當個不令人討厭的上司！

世界上沒有十全十美的人，當然也沒有十全十美的上司。

遇到不好的上司，實屬意外，也實屬無奈，但是，你在背地裡埋怨咒罵的同時，為什麼不想想，那個人也可能會有值得你欣賞的地方，為什麼動不動就要他去死呢？好歹他也算是一個人啊！

某公司慶祝創立五十週年的前夕，總經理對著企劃經理說：「你想個辦法，讓我們建廠五十週年的慶祝活動，可以引起社會的矚目，但是只能花一點點錢，而且要讓每個員工都感到很高興。」

這簡直刁難人嘛！企劃經理想了想，回答道：「我這裡倒是有個既不花錢，又可以上媒體，而且還可以讓每個員工都很高興的辦法，只是……只是……我怕說出來你會不太高興。」

「怎麼會呢？」總經理露出寬宏大量的笑容，鼓勵他說：「你儘管說吧！我不會介意的。」

企劃經理於是大膽地提議道：「你可以在五十週年慶祝活動

那天，從公司頂樓跳樓自殺，這麼一來，報紙和電視新聞都會報導，而且不必花什麼錢，公司裡的員工們肯定都會很高興！」

用 幽默的方法，説出你的看法

若是你和另一半的感情不好，你可沒辦法埋怨些什麼，因為那是你自己選的！要是與上司的關係不好，那才是真的倒楣，誰叫我們根本沒有權力選擇自己要什麼樣的上司！

辦公室裡，下屬與上司的關係可以說是上班族的溫度計。

關係好，溫度舒適宜人，不僅上班時間做起事來特別起勁，下班了以後還可以相約出去小酌一番。

但是，萬一關係不好，你在辦公室的時間便會猶如身陷囹圄，不僅提不起勁來幹活，而且連呼吸都不自在。

不過，與其花時間討論上司討人厭的地方，還不如試著用幽默的方法，說出你的看法，不要動不動就叫他去死。有機會的話，還能得到升遷的機會，當個不令人討厭的上司。

這樣積極的面對方式，總比成天怨天尤人、工作卻一點成績也沒有，還來得實際一些。

設身處地，才是真正的尊重

所謂的「尊重」並不是客套，而是一種「體貼之心」。人與人相處，最重要的就是相互尊重、並時時站在對方的立場思考。

明代思想家呂坤曾在《呻吟語》裡說過：「無責人，自修之第一要道；能體人，養量之第一要法。」

意思是說，要增進自我的修養，第一步就是不要隨便斥責別人；要培養自己的雅量，第一步就是要懂得容人、體諒人。

學會體諒並不困難，只要你願意認真地站在對方的角度和立場看問題，自然就能用更寬容的心體貼他人。

有一天，妻子正在廚房炒菜，丈夫回到家後，也跟著走進廚房。

只見丈夫一反常態，緊緊跟在太太旁邊嘮叨不停：「慢一點，慢一點。欸，小心！火太大了……」「趕快把魚翻過來！唉呀，快鏟起來！」「油放太多了！」「把豆腐整平一下……哎喲，鍋子歪了！」

「拜託你閉嘴好不好！」妻子忍不住脫口而出：「我知道該怎樣炒菜，這還要你來教嗎？」

　　「炒菜妳當然懂囉。」只見丈夫平靜地回道，「我只是要讓妳知道，我在開車的時候，妳在旁邊喋喋不休，我的感覺到底如何。」

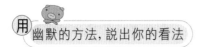

　　如果你是我，能體會我、瞭解我的感受，你還會這樣做嗎？故事中的丈夫要說的，其實就是如此而已。

　　或許對方並不是出於惡意，但還是應該要瞭解，身為駕駛，老是被人指點該如何「開車」，是不會覺得自己被尊重的，就像做菜的人也不會想要別人評點自己的料理技巧一樣。

　　箇中道理並不難懂，只是，最簡單的事情也往往最容易被忽略。就像面對最親近的人，我們也常常忘記給他們最基本的尊重。

　　所謂的「尊重」並不是客套，而是一種「體貼之心」。人與人相處，最重要的就是相互尊重、並時時站在對方的立場思考。

　　既然自己也希望得到他人的尊重，那麼我們又有什麼理由不用同樣的體貼對待他人呢？

太過理直氣壯，小心變成笑話

有時候，你可能會對事情的理解產生一些盲點，而此時若是還堅持己見，那麼在別人眼中看來，就顯得分外的愚昧可笑。

不管在日常生活或是工作場合，千萬不要只站在自己的立場而不考慮別人。遇到別人說話夾雜不清的人，更要耐著性子把對方的意思弄清楚。

不尊重別人感受與立場的人，不管擁有如何美麗的外貌或高深的學識，最終只會引起別人的討厭與嫌惡。

某家書店裡，一名看起來很有學問的老先生問櫃檯小姐：「請問你們有沒有賣『炭』？」

「炭？」買炭應該到木炭店吧，無論是要烤肉還是自殺！小姐聞言覺得十分疑惑，於是翻著白眼回答：「對不起，沒有。」

「可是上次我在這裡買過。」老先生不死心，又再問了一次。

「這怎麼可能呢？」小姐滿臉驚訝，一副不可置信的模樣：「我們這裡是書店，沒有賣炭。你還是去隔壁的雜貨店問問看吧！」

「不是的……我明明就記得……」這個固執的老先生仍然不

肯放棄，於是決定自己找。

　　找了半天，他終於在雜誌區裡找到了他要的東西。

　　原來，他要買的是「TIME」！

用 幽默的方法，說出你的看法

　　有些時候，因為各種可能的因素，會讓你對事情的理解產生盲點，但你自己卻渾然無所覺。而在這個時候若是還堅持己見，那麼在明眼人的眼中看來，你就顯得分外的愚昧可笑。

　　因此，在周遭人出現與你相左的意見時，不要急著打斷他的話，也不要急著爭論究竟誰是誰非。

　　相反的，應該要先仔細聽聽看別人怎麼說、怎麼想，說不定反而能夠在你的腦袋裡注入一股新思維。

　　因為，這個世界除了黑白，或許還有一直被你忽略的灰色地帶。

　　而當你認為自己有道理的時候，你也更應該多聽聽別人的道理，試著尊重別人不同的觀念。

　　無論如何，做人都要有能容納歧見的雅量，無論你覺得自己有多理直氣壯，最重要的，還是要顧及人與人之間的相互尊重。

Chapter 2

面對衝突，
要使出渾身解數

若有人執意要製造紛爭，

不必退縮，在氣勢上站穩腳步，

不論對方出什麼招，都能見招拆招。

別為豬頭氣昏頭

面對危機仍能談笑風生，能夠讓對手心生忌憚，如此既突顯了自己的架勢，也爭取更多應變的時間與空間。

　　培根曾經說過：「假如你從未從蠢人的愚昧言行中獲得智慧，那麼你也一定不會成為智者。」

　　愚蠢的人總是不學無術卻自以為是，總是喜歡在別人面前丟人現眼還沾沾自喜，言行之間把自己的愚蠢暴露無遺。

　　所以，當你受到豬頭挑釁的時候，不需要焦躁，也不必要暴怒，只要適時地用機智代替憤怒，冷靜地維持自己的風度，以最悠然的氣勢突顯自己的優勢，甚至以輕蔑的態度回敬對手，幽默而又不失禮貌地站穩自己的腳步，對方就會知難而退了。

　　十九世紀法國微生物學的專家巴士德，一日正在實驗室裡做生物試驗。在他十足專心工作的時候，突然來了一位不速之客，是某一位伯爵的信差。

　　原來，因為一件莫名的事故，使得那位伯爵對他心有不滿，向他提出決鬥的要求。

　　由於工作被迫中斷，巴士德的心裡正老大不高興，又眼見信

差態度惡劣，更是讓他情緒不佳，忍不住輕蔑地嗤聲一笑，說：「要決鬥可以，不過按照慣例，我有權選擇決鬥的方式。來，這裡有兩只燒杯，其中一杯裝有卡介苗的原菌，另一杯則是裝著清水。回去告訴伯爵，由他來選一杯喝掉，剩下的歸我喝。」

當然，那位伯爵終究沒有膽量前來喝掉任何一只燒杯裡的液體，這場決鬥最後也就不了了之。

用 幽默的方法，說出你的看法

燒杯裡是否真的有一個裝有卡介苗病菌，抑或是兩只燒杯中都不過是清水而已，答案不得而知。

但是，巴士德卻成功阻止了一場無謂的決鬥，同時也保有了自己的名聲。反倒是那位提出決鬥要求的伯爵，可能會被恥笑膽量不足。

巴士德當然可能只是在開玩笑，但是話裡似乎又藏有若干認真的可能，這說明了似笑非笑之間的模糊地帶往往可以讓對手怯

步，擔心落入陷阱，對方稍有遲疑，就失了先機。

　　歐洲有句諺語說：「生氣的時候，去踢石頭，疼的只是自己。」

　　真正有智慧的人，會把那些不學無術又喜歡惹是生非的「豬頭」當成借鏡，警惕自己別幹出丟人現眼的愚昧言行，並且用幽默的方式化解衝突，而不是為了這些無藥可救的豬頭抓狂，甚至氣到暈頭轉向！

　　面對危機仍能冷靜自若地談笑風生，就算只是演戲，只要演得好，也能夠讓對手心生忌憚，投鼠忌器，如此一來，既突顯了自己的架勢，也爭取更多應變的時間與空間。

用幽默的語言保留對方顏面

 一個看似不經意的幽默笑語，既達到目的，又維持了和諧的氣氛，不讓對方感到難堪，卻又能夠實際傳達自己的意思。

發現別人的錯誤，你會如何反應？是大聲譏刺？還是低頭恥笑？抑或是誠心誠意地直接提醒對方的錯誤？

以上三種方法，都可能會遭受到對方的怨恨，原因就在於我們指責別人的時候，無論出發點是善意還是惡意，都會令被評論的人面上無光，對方心裡的感受自然也是尷尬萬分。

所以，如何運用說話的技巧來達到勸說的目的，攸關說話的成效與結果。這時候，你可以試試幽默的暗示說法。

十九世紀末，羅馬教宗派遣大使來到法國，未來的教宗候選人約翰二十三世也應邀到法國出席盛宴。

當時，法國時裝流行大膽的剪裁風格，一位被安排坐在約翰二十三世鄰座的女士，正巧穿著一件極度暴露的禮服，令在場男士眼光都不知該擺向何處才好。

由於天主教主張清慾聖潔，這樣的安排，讓很多與會人士都在暗地裡觀望著，想看看這位未來的宗教領袖會如何來處理這個

問題。

結果約翰二十三世從頭到尾都裝作沒有注意到那位女士的穿著，直到餐後甜點上桌，他特地挑了一只蘋果遞給那位女士。女士搖了搖頭，婉言辭謝，表示她並不想吃蘋果。

但是，約翰二十三世還是執意將蘋果放到女士的盤中，輕聲地勸說：「無論如何，請品嚐一下吧！夫人，您知道的，夏娃是因爲吃了禁果之後，才意識到自己赤身裸體的。」

用 幽默的方法，説出你的看法

規勸別人，是一件比指責更困難一百倍的事情。指責對方時，你只要直接說出你認爲對方的錯處就行了，但是規勸卻必須更進

一步考量到對方的處境和心情，因爲規勸的出發點是爲了對方好，是爲了求建設而不得不破壞。

但是，規勸難就難在如何不讓對方感到惱羞成怒，以免規勸不成，反而破壞了原有的和諧情感，兩面不討好。

相信那位女士一

旦聽懂了約翰二十三世話裡的意思，必定能夠意識到自己的穿著不夠恰當、不合時宜。

約翰二十三世含蓄地運用創世紀的故事來暗示，既不把事情說破，也不讓對方感到難堪，卻又能夠實際傳達自己的意思。一個看似不經意的幽默笑語，既達到目的，又維持了和諧的氣氛。

或許，那位女士仍舊會因為自己的錯誤而感到羞愧，但至少約翰二十三世並沒有直接讓她下不了台。

何必為了豬頭氣昏頭？善用幽默感，以開玩笑的方式，就能化解場面的尷尬；以暗示和隱喻，就能降低真話的殺傷力。

智 慧 ▶▶ 語 錄

借力使力的另類思維用若無其事的方式提醒別人。
提醒他不知道的，好像是提醒他忘記了的。

——戴爾‧卡內基

面對衝突，要使出渾身解數

若有人執意要製造紛爭，不必退縮，在氣勢上站穩腳步，不論對方出什麼招，都能見招拆招。

很多時候，你並不想和那些豬頭發生衝突，可是卻又無法避免這種情況。因為，如果你毫無理由地不斷退讓，最後必會令自己退到無路可退的地步，所以，為了保護自己，在必要的時候，你必須學會反擊。

如果，你還沒準備好，最好減少與人發生爭執的機會；如果，你不得不與人發生衝突，那麼就得使出渾身解數來應戰。

十七世紀英國著名的數學家伊薩克‧巴羅，也是一位知名的教士，曾經在劍橋大學擔任數學教授，對於幾何學的理論有頗多建樹，其中物理學家牛頓就是他的得意門生之一。

巴羅為人謙沖有禮、和藹可親，也一向誠懇待人，是個頗好相處的人物。

但是，他偏偏與當時國王寵臣羅切斯特伯爵不合，兩個人只要一見了面，必定少不了一番唇槍舌劍。

羅切斯特伯爵是國王查理二世身邊的親信，權勢極大，官架

子也不小。據說羅切斯特伯爵還曾經在某個公開的場合，譏刺巴羅是「一座發霉的神學院」，暗指巴羅食古不化，總是說一些老掉牙的事物，跟不上時代，學說也乏人問津。

這一番惡意的批評，自然也引起巴羅一連串的反擊，兩人隔空喊話，誰也不讓誰，因此結下了樑子。

有一天，兩人狹路相逢，仇人見面分外眼紅，羅切斯特首先誇張地深深向巴羅一鞠躬，剛好發現自己的鞋帶有些微的鬆脫，靈機一動，故意語氣尖刻地譏諷：「唉呀！博士，請您幫我把鞋帶繫上吧！」

巴羅當然也不是省油的燈，立刻不甘示弱地回敬：「好啊，爵爺，但是請您先躺到地上去吧。」

羅切斯特聽了更火大，立刻沉聲說：「博士，不如您先下地獄去吧。」他氣得過火，口不擇言，已經擺明在詛咒對方了。

巴羅也跟著開火：「那您一定要站在我的對面！」

「博士，請你到地獄的最底層去吧！」羅切斯特幾乎氣得吹鬍子瞪眼睛。

巴羅倒是慢條斯理地說：「這我可不敢，爵爺，那樣高雅的

宮殿，是特別爲您這樣有身分地位的人而保留的啊！」說完自顧
自地聳聳肩走了開來。

用幽默的方法,說出你的看法

　　一旦發生爭執，只有兩個下場，不是贏，就是輸。雙方爭執
的結果，雙贏和雙輸通常只是假象，真正的結果，頂多只有贏得
漂不漂亮和輸得難不難看的差別而已。沒有人喜歡輸的感覺，想
要避免輸，只有兩個方法，一個是儘量避開爭執，另一個就是想
辦法贏。

　　伊薩克‧巴羅並不喜歡與人爭執，但是若有豬頭執意要製造
紛爭，他也不會有所懼怕，更是想盡了辦法據理力爭。

　　因此，當羅切斯特伯爵執意與他正面衝突的時候，他並不打
算退縮，而是在氣勢上站穩腳步，不論對方出什麼招，都能見招
拆招。

　　羅切斯特伯爵逞一時的口舌之快，想在唇舌上佔巴羅的便宜，
豈料巴羅也不是省油的燈，無論伯爵如何惡言，都即刻反擊回去，
而且在最後一擊時先下手爲強，反應不過來的伯爵只好啞口無言
地吞下敗仗。

智慧 ▶▶ 語錄

你若不是持著盾牌歸來，就應躺在盾牌上歸來。

——普盧塔克

越生氣，越要控制自己的情緒

 把說笑和正經界定在一種模糊的境界，讓對方掌握不住真假，你就能決定要讓接下來的情勢往什麼方向走。

古希臘哲學家亞里斯多德曾說：「要說發脾氣，誰都會，這並不困難，難的是當你發脾氣的時候，懂得如何掌握分寸，懂得採取適當的方式，最重要的是懂得用機智來代替憤怒。」

的確，一個只爲生氣而生氣的人在盛怒之下，嘴裡的那條舌頭就像一匹脫韁的瘋馬，而一個真正有智慧的人，在盛怒之下，則會用自己的機智去駕馭那條可能變成瘋馬的舌頭。

生氣、發怒，都是負面情緒，這些負面情緒會令你暫時失去理智，也會令你全身的神經、器官、細胞陷入一種極度緊繃的狀態，長久下來對自己的健康多少有些損害。

你隨時都可能碰到一些令你生氣的事，也隨時都可能遇見惹你不快的豬頭；你可以選擇生氣，讓自己傷心又傷身，你也可以選擇用幽默感來應對。

據說，有一天古羅馬將軍西比奧爲了一件麻煩事要去拜訪他的朋友詩人昆塔斯・恩紐斯。當時，恩紐斯知道西比奧來意爲何，

由於幫不上忙，因此臨時做了避不見面的決定，讓僕人去應門，聲稱自己不在家，希望西比奧見不到人便主動離去。

西比奧敲了很久的門，終於有人應門了，僕人也遵照恩紐斯的指示，告訴西比奧主人現在不在家。

可是，身為軍人的西比奧觀察力比起別人敏銳許多，剛剛好瞧見從後門遁逃的恩紐斯躡手躡腳地閃進後面的小屋裡。當下西比奧並沒有質問應門的僕人，或者大聲喊叫戳破恩紐斯的謊言，只是一言不發地離去。

後來，恩紐斯來拜訪西比奧的時候，西比奧從窗戶瞥見恩紐斯的身影，聽到敲門聲故意不回應，而後站在屋裡大聲地說：「西比奧不在家。」

恩紐斯一聽就知道是西比奧的聲音，於是也大聲地說：「我才不信，我早聽出來是你的聲音了，西比奧。」

西比奧則打開門，假裝怒氣沖沖，劈頭就回了一句：「好你個混蛋，我連你奴隸的話都信，你卻不相信我的話，你算什麼朋友！」而後在恩紐斯目瞪口呆的表情下率先笑了出來。

用幽默的方法，說出你的看法

西比奧是在生氣記仇嗎？他當然是在生氣，也是在記仇，但是他卻用了幽默的手法，讓恩紐斯雖然感到尷尬卻無可辯駁，畢竟是自己有過在先，只能傻笑摸摸鼻子把尷尬吞下。

西比奧藉勢誇張，看起來像是膨脹了怒氣，但是事實上卻是用機智代替憤怒，給對方一個台階，好讓對方有路可走，氣度實在高人一等。

生氣當然有原由，但是要能既讓自己出了氣，又不破壞情境與氣氛，確實是不容易的。西比奧以深具幽默感的表現，化解了一次友情危機，也賣了恩紐斯一次人情面子，算是在人際關係上得到了空前的勝利。

把說笑和正經界定在一種模糊的境界，便可以自由地主宰情緒的向度，讓對方掌握不住真假，搞不清楚你是真生氣還是假發威，只能採取守勢靜觀其變，這時你就能決定要讓接下來的情勢往什麼方向走。

所以，越是生氣的時候，越要控制自己的情緒，以幽默的態勢來面對，才能將發球權掌握在自己的手中。

智慧▶▶語錄

勇氣不是盲目地忽視危險，而是看見便去克服它。

——李斯特

轉移焦點，才能避開難堪

冷靜思考眼前的局勢，巧妙地為自己製造更多的空間，有時反而能為你帶來反敗為勝的契機。

　　人生如海洋，不會永遠大風大浪，也不可能永遠風平浪靜，唯有小心掌舵，堅定地朝向自己的目標前進，才能成功抵達命定的港灣。

　　日常生活中，我們總會遇到豬頭鬧事，總有可能遭逢刁難，有時候硬碰硬並不一定能有好的效果，倒不如轉移焦點，說不定能爭取更多的空間。

　　二十世紀初，一位法國神父米尼耶在晚宴中被安排坐在一位長得極為迷人的美女身旁，在場一位男士故意想令神父難堪，於是便鼓譟起鬨，逼問神父是否有膽量親吻那位美女。

　　所有人的目光都不禁往神父身上投去，有人刻意挑釁，在場的人多多少少也想看米尼耶會如何應對。

　　眼看美女神情燦爛，巧笑倩兮的模樣更顯得美麗誘人，神父神色自若地喝了一口湯，而後說：「當然不敢，因為她還沒有成為聖物。」

意思就是這位美女若是如十字架一般的聖物，他當然就可以獻上親吻了。

在場人士頓時哄堂大笑，神父當然應該謹守清修戒律，這件事情大家都知道，反倒是那位原本想要找麻煩的人士，當下顯得尷尬異常。

用 幽默的方法，說出你的看法

史達林曾經說：「語言是工具、武器，人們利用它來互相交際，交流思想，達到互相了解。」

人類是唯一會使用語言來溝通的生物，能夠開口說話，以語言來思考，也是人類與動物之間最大的差異，更是人類之所以自詡為萬物之靈的主要依據。

可惜，水能載舟亦能覆舟，我們既見識了言語所帶來的好處，也就無法避免語言所帶來的傷害。

既然傷害無可避免，唯一自救的辦法，就是想辦法將傷害的程度降到最低，或是避開鋒芒，減少直接傷害。

像故事中的神父，不會不明白發問的人目的就是要看他笑話，給他難堪，但是他能夠冷靜地耐住性子，反過來以先拿自己開玩

笑，因而令對方無技可施，不得不知難而退。

　　機智幽默可以說是人們在社交場上所穿的最漂亮的服飾，尤其是你出糗或遭到言語攻擊，用機智代替憤怒，絕對可以化解尷尬或對立的氣氛。

　　遇到困難和阻礙的時候，你可以不用選擇正面衝突，特別是你手上的籌碼尚嫌不足的時候。

　　冷靜思考眼前的局勢，巧妙地為自己製造更多的空間，有時反而能為你帶來反敗為勝的契機。

智慧 ▶▶ 語錄

　不論你想笑別人怎樣，先笑你自己。

　　　　　　　　　　　　　　　　　——哈利‧福斯第

面對批評，要保持冷靜

當批評的言論鋪天蓋地襲來之時，你更要堅定自己的腳步，如此那些不夠認真，也未曾深入了解的批評就會不攻自破。

　　人，其實是一種很奇怪的生物，既想要安全地融合在群眾之中，又不想被完全忽視，常常會想盡辦法要突顯自己的重要性與價值。

　　可是，越是突出、醒目的人，越容易成為別人關注的焦點，也越容易成為豬頭們嫉妒與攻擊的目標。

　　批評和中傷，往往令人防不勝防，所謂「無心自招惹」，即使無意求麻煩，麻煩也會自動找上你。

　　常言說「樹大招風」，就是這個意思。

　　十九世紀時代，英國基督教浸信會的宗教負責人Ｃ‧Ｈ‧司布真是一位極受人矚目的人物。

　　由於司布真能言善道，文章又寫得極為煽動人心，所以吸引了無數的教徒追隨。他在二十歲的時候，就成為一知名的傳教士，每一次佈道，都造成不小的轟動，引來了大批的聽眾前來聽講。

　　他的聲名來得太快，自然也惹來了不少嫉妒的目光，有不少

言語暗箭冷不防地對他攻擊。不過，他的氣度很好，對於那些攻擊性的言語，都能以輕鬆的態度來加以對待。

有一次，他又被人在報章雜誌上大肆批評，一位朋友忍不住對他開玩笑地說：「我聽說您又不小心掉入了熱水之中。」

司布真態度嚴肅地回答：「不止我一個人在熱水中，其他所有的人也都在熱水之中，我只不過是那個使水沸騰起來的人。」

用 幽默的方法, 説出你的看法

司布真的朋友當然是想調侃他的處境，但是他卻不以為意，因為製造輿論與知名度本來就是他推廣教義、號召信徒的目的，所以有什麼好羞恥的呢？

司布真沉穩的回答和認真的態度，都讓玩笑的意味大幅降低，也為朋友的嘲諷口氣消毒，給了對方台階下。

對自己的想法與見解抱持堅定的態度，別人即便不明瞭、不相信，也絕對不敢加以輕侮。事實上，你的態度更是決定了別人看待你的向度。

当然，一旦你的方法奏效，便能成功吸引眾人的目光，不論有心或無意，人們一定會關注特別與突出的人事物，當你鶴立雞群的時候，評論和批判也就隨之而來。

我們不能以偏概全地認為所有的批評都是惡意的，畢竟唯有突出且受重視的事物才可能受到關注，別人也才願意花費心思、時間、精力加以批評。對於不同的看法，我們可以傾聽，但不一定要全盤接受。

所以，當批評的言論舖天蓋地襲來之時，你更要堅定自己的腳步，以更認真的態度來面對問題，如此那些不夠認真，也未曾深入了解的批評就會不攻自破。

相信自己，你就會讓別人相信你。

受到批評，是一條必經的道路，雖然路程上可能有尖石，可能有坑洞，但是一旦你通過了這一番考驗，你的路將更加寬廣。

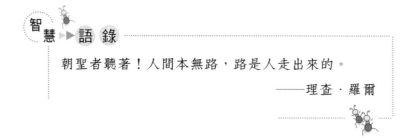

智 慧 ▶▶ 語 錄

朝聖者聽著！人間本無路，路是人走出來的。

——理查·羅爾

用尖銳的機鋒進行嘲諷

真正的強者,不會強出頭,而是徹底看破對手的虛張聲勢之後,予以迎頭痛擊,以幽默的語言讓對手自動露出馬腳。

在局勢不明朗的時候,我們得加倍增強我們的氣勢,伺機取得更佳的優勢。

在動物的世界裡,雄性動物為了要獲得雌性動物的注意,或是要搶奪覓食勢力範圍時,通常會以哄抬自己架勢的方式取得競爭優勢。比方說,有些鳥類就會膨脹起色彩斑斕的羽毛或是張開翅爪,藉以威嚇敵人,技不如人或是氣勢不足的就只好拍拍翅膀退出戰場。

類似的技巧,往往也出現在人與人之間的競爭上,有時候即使是輸了人,在口頭上也得不甘示弱,萬一真的保不住裡子,好歹也得要保住面子。

一九四四年十月,正值二次大戰局勢混亂的時候,珍珠港事變之後,當時美軍雖然加入戰場,但是戰局勝負仍未明朗。

有一次海上會戰過後,日軍故意造謠美國第三艦隊已經幾乎被擊沒,剩下的零星戰艦則多在撤退之中。這樣的說法,顯然是為了

混淆視聽，打擊美軍其他戰隊的士氣與信心。

因此，美方太平洋艦隊總司令小威廉·F·哈爾西立刻下令廣播：「我軍軍艦已如數被救，目前正朝向日本艦隊高速撤退當中。」一方面回報美軍戰力如常，另一方面也以幽默的語氣諷刺了日軍編造謠言的不軌動機。

日軍就是死命要維護顏面，在戰場上敵我勝負尚未分曉之前，如何能夠先行認輸？更何況如果讓日軍的艦隊聽見了同袍失敗的消息，必定會狠狠地打擊士氣，倘若士兵們均萌生了退却的念頭，對於日軍的戰況必定更顯危急。所以，日軍廣播的目的就是在於製造成功的假象，期望對於實際局勢尚不明瞭的軍隊，不至於受到情緒上的影響。

然而，同樣的廣播聽在美軍耳裡，卻是大大的不同，明明自己的軍隊仍然堅持到底，甚至已經有了由敗轉勝的局勢，若是讓日軍的擾亂戰術成功，令其他的友艦同袍因此誤判情勢，豈不是反而失去致勝良機？所以，哈西爾將軍當然立刻決定予以回擊。

用 幽默的方法，說出你的看法

　　對付好面子的人，一定要從對方的面子下手，唯有如此才能正中紅心，利用最簡明的言語，直指問題的核心，達到最佳目的。

　　哈西爾將軍的廣播，不只徹底嘲諷了日軍的行動，更以睥睨的姿態予以回敬，相信美軍的其他艦隊一聽到這樣的廣播內容，一定引以為笑，無形中反而提升了戰鬥的士氣。

　　真正的強者，不會強出頭，而是徹底看破對手的虛張聲勢之後，予以迎頭痛擊。以幽默的語言，尖銳的機鋒，鑽透對手死不認錯的面具，表面上體貼地顧全對方的顏面，實際上卻是想盡辦法，就是要讓對手自動露出馬腳。

智 慧 ▶▶ 語 錄

虛榮心是以他人為鏡，而利己心是把他人當作使用的道具。
　　　　　　　　　　——弗迪那德·唐尼斯

用機智解決棘手的事

從自我幽默開始，輕鬆看待問題的嚴重性，找尋更多常理之外的契機，善用幽默的力量，成功將不費吹灰之力。

　　具有豐富的幽默感，可以幫助個人在工作與事業上，與他人建立起和諧的關係。利用這一層和諧的關係，能夠幫助個人克服自我障礙，同時藉由樂觀的處事態度，更能贏得他人的信賴與喜愛，讓工作的過程更加順暢且愉快，工作績效也就益發明顯了，這就是幽默的力量。

　　懂得善用幽默的力量，不只讓人在身處的環境中得以自在優游，同時更能刺激創意思考，增加臨場應變的能力，使生活更輕鬆，問題也不再是問題。

　　既然幽默的力量如此強大，那麼我們又該如何獲得這一份強大的力量呢？或許，我們可以試試從開自己玩笑開始。

　　著有《巨人奇遇記》的法國作家弗朗索瓦·拉伯雷，有一次臨時有急事，必須要到巴黎去，可是他身上根本沒有路費，事情又迫在眉梢，究竟該怎麼辦呢？

　　他想辦法弄來一些有顏色的粉末，一式分成三包，在上面分

別寫著：「給國王吃的藥」、「給王后吃的藥」、「給太子吃的藥」，然後來到廣場上，有意無意地讓警察看見這些東西。

　　果然，警察發覺後，如臨大敵似的，馬上派人把他抓起來，當作重大嫌疑犯送到巴黎候審。

　　但是，經過調查，拉伯雷並沒有犯罪的動機，而那些粉末經過檢驗之後，也只不過是加了顏料的麵粉，無可奈何的警方只好把他放了。當然，拉伯雷也成功達到了免費抵達巴黎的目的。

用 幽默的方法，說出你的看法

　　拉伯雷拿自己的自由和名譽開玩笑，竟反而成功地達到他原本的目的，真是將幽默的力量發揮到了極致，若是沒有足夠的膽量、創意和幽默感，恐怕就不能有如此的效果吧！

　　問題來了，一般人遇到類似的狀況，能想到幾種應變的方法？

　　當然，我們不敢說什麼樣的方法最有成效，但是別出心裁、出其不意的做法，往往能夠收得意想不到的效果。

　　像拉伯雷的做法，就不禁令人嘖嘖稱奇，有誰會想到要以謀反的嫌疑來換取抵達巴黎的路費呢？又有誰會這麼做呢？

　　但是，就是因為沒有人會這麼做，所以才更有效益。創意，就是能在別人設想不到之處發揮威力。

　　或許，有些人並不贊成將生命看得太過隨便，總是嚴陣以待地面對生活中的種種問題，但是，我們難道不能夠輕鬆一點來看待嗎？

　　諸葛亮的空城計之所以能成功，就是因為他顛覆了司馬懿大軍的常態思考，利用不按牌理出牌的原理來贏牌。

　　從自我幽默開始，輕鬆看待問題的嚴重性，找尋更多常理之外的契機，善用幽默的力量，成功將不費吹灰之力。

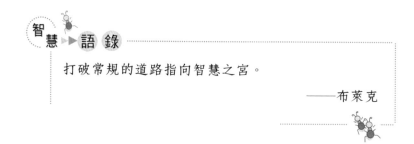

智 慧 ▶▶ 語 錄

打破常規的道路指向智慧之宮。

——布萊克

勝算來自明快的決斷

在日以繼夜繁忙且龐大的工作量之下，不需要多費工夫去處理沒有經濟效益的事情，如此才能增進自己的工作績效。

一個人要有遠見，要能從細小的徵兆查明、判斷事情的始末與未來發展的態勢，才能夠在行動上比別人快上一步，決策上比別人多思慮一層，應變起來比別人更積極，當然也就比別人更多了一分勝算。

所謂「快速又有效率」，強調的正是在決斷上勝人一籌，就等於比別人多了幾分獲勝的籌碼。

想要在競爭場上比別人多幾分獲勝先機，前提就在於培養比別人更敏銳的直覺；洞析力強，看事情就更清楚，事情處理起來，自然事半功倍。

《福爾摩斯探案》系列偵探小說的作者柯南道爾，曾經是一位雜誌社的編輯，當時雜誌社的來稿眾多，但雜誌的篇幅十分有限，每一天他都要處理大量的退稿稿件。

有一天，在眾多的來信當中，他看到有一封署名要給他的郵件，信件看起來很薄，顯然不是投稿的稿件。

他拆開一看，是一封
質問他的信件，信上說：
「我收到您退回給我的稿
件了。不過我知道您並沒
有把整本小說讀完，因為
其中有幾頁我故意把稿紙
黏在一起，但是您並沒有
把它們拆開，可見您沒有
完整讀完我的小說就下了
判斷，退我的稿。您應該
清楚，這樣做是很不好
的。」

　　柯南道爾讀完了信，立刻提筆回信。信上寫著：「如果您在
早餐盤裡發現一只壞雞蛋，相信您不必把它整個吃完才能證明雞
蛋變味了。」

　　投稿者當然有權要求編輯合理地對待且尊重自己的稿子，但
是，柯南道爾在日以繼夜繁忙且龐大的工作量之下，勢必不可能
平均地給予每一份稿件相同的時間。而其編輯工作所訓練出來的
專業素養，也提供了他判斷一篇稿子優劣的能力，是以他能夠在
有限的時間內就決定是否要刊登某一篇稿件。既然各方面的判斷
都傳達出文稿很差的訊息，他當然不需要多費工夫去處理沒有經
濟效益的事情，如此才能增進自己的工作績效。

用幽默的方法，說出你的看法

日本作家櫻井秀勳曾經這麼說：「不管是什麼形式的批評，最好都要以機智幽默的方式進行。」

投稿者有權來信表達自己的不滿，柯南道爾當然也有權力澄清自己的立場。然而，一味叫囂並不一定能夠成功地達到自己的目的，所以他採用一個幽默又無可辯駁的實例，這之中既沒有火氣，又讓人得以認清事實。

他沒有說對方的稿子寫得奇爛無比，卻成功地傳達了自己的態度與想法，如果投稿者真的讀得懂柯南道爾的隱喻，必定也能夠誠實地面對自己的問題。

由於柯南道爾專業且銳利的洞察力，使得他在編輯的工作上勝任愉快，日後亦成為一名優秀的偵探小說家，在一樁樁離奇的案件中，展現抽絲剝繭的優秀推理技能，成功擄獲無數讀者的目光，在偵探文學界幾乎無人能出其右。

智慧▶▶語錄

幽默帶來悟力和寬容，冷嘲則帶來深刻而不友善的理解。
——雷普利爾

Chapter 3

用回馬槍回敬對方

用幽默的方法說出自己的看法，

可以說是聰明人的回馬槍，

往往能一槍刺中要害，

讓對方徹底看清自己的嘴臉。

認知相同，才能順利溝通

試著找出兩方共同的利益、目標、認知或是理念，因為所有的溝通必先建立在這個基礎上，才能夠達到事半功倍的成效。

對話的時候，要是兩方欠缺共識，不但很可能在溝通上沒效率，還容易造成誤會，反而消磨彼此的耐性、傷害彼此的感情。

不管我們溝通的對象是客人、是上司、是親人還是朋友，先找到雙方的「共識」絕對是最首要的步驟。

阿傑逛街逛到一半，突然間覺得肚子痛。正在他急著尋覓「解放」之地時，一回頭就看到隔壁有一家速食店。

匆匆跑進店裡的阿傑遍尋不到廁所，不巧的是，此時櫃檯前正好處於人潮洶湧的時候。

「不管了！」阿傑硬著頭皮插隊擠到最前面，急急地問服務生：「請問一號在哪裡？」

服務生手指著點餐表：「在上面啊！」

阿傑沒聽懂，又問：「什麼上面？在哪裡啊？」

服務生：「在上面呀！」

阿傑實在忍不住了：「拜託，不是啦！我要的是『那個』一

號！」

服務生：「呃……好的，那請問外帶嗎？」

用 幽默的方法，説出你的看法

要是「一號」可以外帶，阿傑大概也不用這麼痛苦啦！

不過，回過頭來想一想，櫃檯前的客人這麼多，服務生腦中肯定只想得到跟餐點有關的事，在這個時候有客人問「一號」，要不搞錯也很難！

這個笑話其實也提醒了我們，當雙方輕鬆之餘，在溝通的時候，必須先要有共識做為基礎。就拿這個笑話來說，阿傑跟服務生都得要先釐清「一號」的含意，不然說得再多也是沒用。

「對話要以共識為基礎」，這不是政客或學者們拿來虛晃一招的空話，而是我們在生活上、工作上的有用秘訣。

所謂「共識」並不是空泛的思想或口號，而是應該試著找出兩方共同的利益、共同的目標、共同的認知或是共同的理念，因為所有的溝通必先建立在這個基礎上，才能夠達到事半功倍的成效。

用回馬槍回敬對方

用幽默的方法說出自己的看法，可以說是聰明人的回馬槍，往往能一槍刺中要害，讓對方徹底看清自己的嘴臉。

俄國文豪托爾斯泰曾經說過：「憤怒或許對別人有害，但是，憤怒時受傷最深的其實是你自己。」

對於蠻橫無理的人，不必和對方一般見識，也不用一味強調自己的立場，應該避開雙方相持不下的情況，為自己尋找絕佳的出口。

懂得以巧妙的迂迴戰術避實就虛，用對方的邏輯來打敗對方，正是聰明人獲得勝利的重要關鍵。

阿美是一名美麗的業餘攝影師。

某日，她在某軍港附近找尋攝影景點時，遭到一位海防阿兵哥阻擋，並指稱她竊取軍事機密，要將她抓起來。

阿美辯稱：「我沒犯罪，我又沒在現場拍照！」

阿兵哥回答：「可是妳帶著犯罪工具，就是有罪。」

這是什麼歪理啊？阿美一聽，突然大叫：「強姦啊！強姦啊！」

阿兵哥驚慌失措地說：「我沒有！我沒有！妳別亂喊！」

只見阿美慢條斯理地回道：「可是你也帶著犯罪工具呀！」

用 幽默的方法，說出你的看法

阿美當然知道，有些「犯罪工具」是與生俱來的，不像她的「犯罪工具」是故意帶到海邊。

不過，既然她沒有真的用相機拍照，阿兵哥的確也沒有抓她的理由，因此她這招「回敬」的辦法，的確相當高明又漂亮。

遇到那些煩人的人或不如己意的事，不必破口大罵，也不必試圖「曉以大義」，有時只要略施小計，就能達成自己的目的。

用幽默的方法說出自己的看法，可以說是聰明人的回馬槍，往往能一槍刺中要害，讓對方徹底看清自己的嘴臉。

針鋒相對並不是最好的策略，「據理力爭」有時也只是浪費口水，當你忍無可忍，不得不開口罵人的時候，不一定要口出惡言，只要順著對方的邏輯，淡淡地說幾句話，就能發揮讓對方啞口無言的功用。

懂得迂迴帶過，才不會多說多錯

一時衝動脫口而出的話，一旦說出口，就再也收不回來了，最後也必定會在彼此之間造成極大的傷害。

應對進退過程中，最讓人後悔的，常常是一時衝動脫口而出的話，這些話一旦說出口，就如同潑出去的水，再也收不回來了，最後也必定會在彼此之間造成極大的傷害。

面對尖銳不善的質問，並非只能硬著頭皮正面回應，有的時候，「不答之答」或是「答非所問」，反而能適時化解僵硬的氣氛。

在某戶家庭裡，一對父子的對話如下。

「爸爸，我想今晚用一下您的汽車，可以嗎？」

父親立刻顯露出莫名其妙與不耐煩的神情，對兒子說道：「那你長那兩條腿，到底是要幹什麼呢？」

「喔，爸爸，是這樣的，一條腿要用來踩油門，另一條腿則是用來踩煞車。」兒子趕忙回答。

用 幽默的方法，説出你的看法

　　兒子未必不懂得父親的言下之意，不過他卻選擇了「答非所問」的方式來迴避父親的質問，這樣的對話，不知道大家是否感到熟悉呢？

　　有的時候，我們明明聽懂對方話中的意思，卻因爲不願示弱或不願意正面回答，而將答案迂迴帶過，這就是一種「答非所問」的技巧。

　　這種技巧用多了固然不見得好，但若是偶爾在適當的地方用用，有時確實可以收到四兩撥千斤的神奇效果。

　　這樣做的優點在於，能夠爲彼此爭取到一些緩衝的時間與空間，讓雙方可以再想想該怎麼回應，問的人可以想想是否應該繼續追問下去？再問下去，又有什麼好處？再問下去，能得到想要的回答嗎？如此一來，或許許多的失言與衝突，也都會因此而消失於無形了。

　　因此，若是不確定自己應該怎麼說才好，對方又將你逼到非說不可的時候，不妨試試「答非所問」這一招吧！

　　懂得迂迴帶過，才不會多說多錯。

　　說不定，事情的結局反而不會那麼糟呢！

挑剔別人前，請先檢討自己

每個人都有盲點，尤其是面對自己的時候，往往看不清真實的自己究竟是什麼樣子。

想批評或反駁對方，不一定要硬碰硬，如果你懂得發揮創意，在恰當的時機適時重複一次對方的邏輯，更能達到自己的目的。

能夠靈活運用幽默的藝術，人與人之間就可以在融洽的氣氛中，彼此交流想法和看法。

一名新上任的中學老師，決定把自己在研究所學到的心理學技巧應用在課堂上，增強學生的自信心。

某天在課堂上，他對底下的學生說：「每個人只要努力就可以有成就，有沒有哪個人認為自己很愚蠢的？請站起來。」

過了五秒鐘，全班沒有一個人起立。又過了十秒鐘，坐在角落最後一排，一個戴著眼鏡、體型瘦小的男同學略帶遲疑的站了起來。

「喔？這位同學，你覺得自己不夠聰明嗎？」老師像找到了知音一樣，和顏悅色地說。

男同學大聲地回答：「不是的，老師。我是覺得只有你一個

人站著，實在太可憐了，所以……」

用 幽默的方法，說出你的看法

曾經有位哲人這麼說過：「人應該靜靜地傾聽自己內心的聲音，不要老是帶著一雙賊眼看別人。」

沒錯，要找出別人的缺點很容易，但要看見自己的缺點卻很難。

人對於他人的感覺，往往反映出內心那個最真實的自己。尤其當你看不起別人時，不用說，對方一定也爲了相同的理由而對你感到不齒。

每個人都有一些盲點，尤其是面對自己的時候，往往看不清真實的自己究竟是什麼樣子。

俗話說「得饒人處且饒人」，對待他人，不要總是一副自命清高的樣子，也不要老是用嚴苛的標準挑剔別人。

因爲說不準什麼時候，你也可能會犯下同樣的錯誤而不自知。

相對的，當你想表達不同的看法時，也要懂得使用幽默的方法，把自己的意見滲透到別人的心裡。

指責別人之前，請先反省自己

罵別人之前，請先反求諸己。沒有人是十全十
美的，那麼，我們又有什麼資格批評別人呢？

　　當你覺得自己是對的，才有資格說別人錯。只不過，你真的
能夠確定自己是對的嗎？

　　在焦慮急躁的情況下，人難免出錯，因此面對不如己意的事
情，最好保持平靜，和顏悅色說出自己的要求，千萬不要尖酸刻
薄地指責別人，否則只會帶來更多負面的後果。

　　一名火辣的辦公室女郎穿著緊得不能再緊的裙子搭公車，可
是由於裙子實在太緊了，根本無法抬起腿來踏上公車的階梯，於
是，她偷偷地伸手將背後的一個釦子解開。

　　沒想到釦子解開之後，還是上不去，女郎便再度把手伸到後
面去，解開了第二顆釦子，但這似乎還是沒有用，女郎再次解開
了一顆釦子，卻仍然無法將大腿跨上前。

　　眼看著後面要上車的乘客已經大排長龍了，排在女郎身後的
一名男子見狀，便主動伸手替她解開了一顆釦子。然而，女郎卻
絲毫不領情，一感覺到有人在解自己的釦子，劈頭就朝男人罵了

一句：「不要臉的色狼！」

男人覺得很委屈，怒氣沖沖地反駁道：「妳說我是不要臉的色狼，那妳是什麼？妳解開了我前面三個釦子，我都忍著沒出聲，我才解了妳一顆釦子，妳跟我大小聲幹什麼！」

用 幽默的方法，說出你的看法

當你指責別人時，別忘了你自己也很可能犯過同樣的錯。

因此，罵別人之前，請先反求諸己。沒有人是十全十美的，那麼，我們又有什麼資格批評別人呢？

就算別人傷害了你，就算別人做出了某些令你感到不舒服的事，在你發脾氣之前，應該要想想，那可能只是無意間的一個舉動。

當人們受到不合理的對待時，會覺得受傷、委屈是很正常的，但是你並不需要急著生氣。因為，生氣往往會蒙蔽一個人的理智，即使原本是你對，很可能生氣之後卻變成是你錯了。

你應該做的是，試著用幽默的方法，表達自己的看法。

話到嘴邊，先想想該不該說

該怎麼做才不會說錯話？有一個很簡單的原則，那就是一句話到了嘴邊，得先放回腦子裡想一想，覺得恰當了再說出來。

古人云：「人生唯有說話是第一難事。」

什麼話該說、什麼話不該說，什麼話該什麼時候說、什麼時候該說什麼話，這對許多人而言，可能永遠是個讓人搞不懂的難題。

當然，會不會說話有時候取決於老天的恩賜，並不是每個人都能舌燦蓮花、口若懸河，足以把活人說死、把死人說活，但是，至少有一件事我們可以盡量辦得到，那就是「不要說錯話」。

某日，在便利商店打工的小銘，鼻青臉腫地跑去向店長哭訴。

小銘說：「店長，我剛才被客人揍了一拳！」

店長說：「怎麼會這樣，你是不是得罪客人了？」

小銘說：「沒有呀！店長，你不是告訴我們，客人來買東西拿發票時，要說聲『祝您中獎』嗎？」

店長說：「沒錯！」

小銘說：「我就是這麼跟他說的，結果就被打啦！」

店長說：「怎麼會呢？客人買了什麼東西？」

小銘說：「保險套……。」

用幽默的方法，說出你的看法

該怎麼做才不會說錯話？有一個很簡單的原則，那就是一句話到了嘴邊，得先放回腦子裡想一想，覺得恰當了再說出來。

英國諺語說：「如果考慮兩遍以後再把話說出口，那一定能說得比原來好一倍。」就是這個道理。

說話「不假思索」是一件很危險的事，當我們毫不思考地直接把心中想法說出來時，很可能會傷害對方或是我們在對方心目中的形象。

把話說出口前，要先想想：「如果我是聽話的人，聽到這句話會有什麼感想？」試著站在對方的立場思考，就能避免許多禍從口出的狀況。

若是能在話出口前多想一想，就能為我們避免許多無謂的麻煩，然後會發現，說話其實一點也不難。

蠻不講理，只會讓人看不起你

無論是待人處事，千萬不要蠻不講理、硬要將黑的拗成白的，否則哪一天要是不小心踢到鐵板，肯定會讓你吃不完兜著走！

台灣話形容人不講道理，就會說他是「硬拗」，意思是將不同的東西硬折硬扳成另一個樣子，處處充滿了斧鑿痕跡，難以說服別人。

在現在社會裡，這種不講道理，遇到事情喜歡硬拗、滿嘴歪理的人越來越多，真讓人不曉得他們究竟是認為自己太聰明，還是把其他人全當成傻瓜？

有位私塾教師為了鞏固自己的職位，常常在東家面前誇耀自己把學生教得多棒，東家覺得半信半疑，於是要求參觀他授課的過程。

在課堂上，老師出了個「蟹」字讓學生對答，學生不知如何應對，於是胡亂答了個「傘」字，老師聽了，卻不住地稱讚他。

東家不能理解，便開口詢問，只見他回答：「我出的題，是有隱含意義的，蟹是橫行的動物，令郎對傘，有獨立的意思，豈不絕妙！」

　　東家於是又要他倆對兩個字的對子，老師於是出了「割稻」這個題目。這回，學生又胡亂回道：「行房。」老師聽了仍是讚不絕口。

　　此時東家感到非常惱怒，老師見狀連忙解釋：「這個對子也是有隱含意義的，我出割稻，意思是要積蓄穀物防備飢荒；他對行房，意思是要養兒育子防備年老，您說，這不是很妙嗎？」

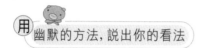
用幽默的方法，說出你的看法

　　對於凡事強詞奪理的人來說，「硬拗」就是他們一貫的信念，反正如果大家不抗議、不反對，那麼就算拗得再勉強、再難看，在這些人眼中看來根本一點關係都沒有！

　　然而，難道大家對於這樣的人真的都無能為力、一點辦法也沒有？

　　其實，多數人只不過是不願當面戳破罷了。

　　當你正為自己擁有三寸不爛之舌而洋洋得意時，就在你不知不覺間，別人對你的評價其實已經盪到了最低點。日子久了，一旦周遭的人漸漸了解你的蠻橫，自然也就不願再親近你或與你共事。

　　所以說，無論是待人或者處事，千萬不要蠻不講理，硬是要將黑的拗成白的，否則哪一天要是不小心踢到鐵板，那肯定會讓你吃不完兜著走！

聽不見閒話，才看得見真相

 人與人之間的相處，有時候還真的需要關上耳朵，以免受到流言蜚語的干擾，更能避免掉許多紛爭與不愉快。

世間的每個人都是獨立的個體，也擁有各自的思想和行為模式，因此，面對不盡如己意的景況，希臘詩人荷馬曾經勸告我們說：「把你激動的心情按捺下去，因為溫和的方式最適宜；還要遠離那些劇烈的競爭。」

從這個角度來說，聽力不好其實也有不少好處，譬如，從此不用再聽老媽嘮叨、床頭的鬧鐘響了，爬起來按掉的絕對是你的另一半。

一名病人到醫院去看醫生，憂心忡忡地對醫生說：「醫生，最近我的聽力變差了，連我自己放的屁都聽不到。」

醫生說：「好，那我開一帖藥給你回去試一試。」

病人的臉上浮現起一絲希望，滿懷期盼地問醫生：「是不是吃了藥以後，我的聽力就會變好？」

醫生搖了搖頭說：「不，這帖藥是會讓你放屁放得更大聲。」

用幽默的方法，說出你的看法

　　德國詩人歌德曾經提醒那些喜歡嘮叨不停的人：「不要把時間精力浪費在空洞、多餘、重複的話語上面。」

　　但是，偏偏人就是喜歡透過疲勞轟炸的方式折磨別人，在這種狀況下，聽力不好的人似乎比較幸福。

　　聽力不好雖然不方便，但也有一些好處。如果你的聽力不好，就永遠不必擔心別人在背後說你壞話，因為你根本不會聽到。

　　還有，當另一半要你去做某件你不想做的事情時，即使拖延著不去做，他也會誤以為你是因為沒聽到。

　　說起來，人與人之間的互動，有時候還真的需要關上耳朵，以免受到流言蜚語的干擾。要是人人都懂得適時的「聽不見」，就不會被許多蜚短流長的謠言所蒙蔽，也更能清楚看見別人的好。

　　相同的，人與人之間的相處，偶爾也最好關上耳朵，將對方說出來的那些傷人話語隔絕於耳外，這樣一來，彼此之間也能減少一些紛爭與不愉快，感情自然融洽許多。

誠實以對，好過謊言滿嘴

說謊言是地獄並不為過，因為不管什麼事，誠實以對，再痛也就痛那麼一次，然而撒謊帶來的後果，卻是無窮無盡的痛苦！

有句諺語是這麼說的：「一旦你說了謊，就要用更多的謊言來掩飾。」

這是因為，謊言往往是破綻百出的，必須用其他的謊話來編織，用更多的欺騙來掩飾，才不至於露出馬腳。

有一天小仁在巷口撿到十塊錢，很高興地跑去跟鄰居小洋說。

沒想到，小洋卻信誓旦旦地說：「這一定是我昨天不小心掉在巷口的。」

小仁問：「你確定是你掉的？」

小洋：「當然啦！我記得昨天口袋裡掉了一枚十元硬幣啊！」

小仁立刻露出懷疑的眼神說：「可是我撿到是兩個五塊錢。」

小洋愣了一下，解釋道：「哦，那一定是掉的時候摔破了！」

用 幽默的方法，說出你的看法

一個十元硬幣可以捧成兩個五塊錢？還真虧他說得出口！

謊話就是這麼可怕的東西，一旦起了頭，常常就被迫必須說第二個、第三個、第五個、第十個……然後用絕佳的記憶力把它們當成事實一樣刻在腦袋裡，否則哪天一不小心說錯了，那可不是強詞奪理可以「拗」得回來的。

就因為謊話說起來不容易，所以撒謊的人只得不停地信口開河。他們也許並不見得願意如此，只是因為謊話說了太多，真真假假自己也搞不清楚了。

同時也由於謊話說得太多了，有朝一日說起真話，反而沒人相信；更糟糕的是，不但別人不再願意相信他們，連他們也變得越來越沒有辦法相信別人，因為，誰曉得別人會不會跟自己一樣謊話連篇呢？

說謊言是個無盡的地獄，其實一點都不為過。相信也沒有人願意淪落至此，因為做人做到這種地步，也只有悲哀二字可以形容。

但只要是人，難免都有想說謊的時候，不過，要是你心中起了意欲掩飾的念頭，奉勸你還是選擇坦誠為妙。

因為不管什麼事，誠實以對，再痛也就痛那麼一次，然而撒謊帶來的後果，卻是無窮無盡的痛苦！

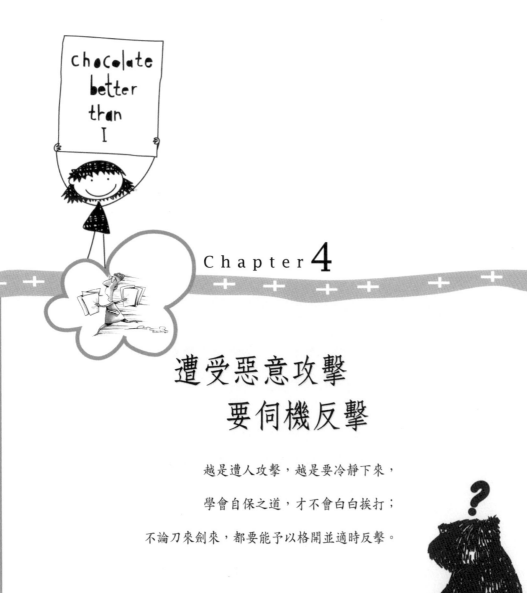

Chapter **4**

遭受惡意攻擊
要伺機反擊

越是遭人攻擊，越是要冷靜下來，

學會自保之道，才不會白白挨打；

不論刀來劍來，都要能予以格開並適時反擊。

亂提問題，小心自討沒趣

對方不是真心想要得到忠告的時候，不必費心給予建議，因為心裡有了想法的人，其他的意見再多再好，也聽不進去。

人不是萬能，每個人都有自己的限制，我們當然也都有做不到某件事的時候。在這種時候，向別人尋求協助，是理所當然的做法。

人的思考，儘管盡可能地朝向多方面設想，終究還是會有個人觀點顧及不到的地方，在這種時候，我們也當然會希望能夠得到他人的意見與建議。

對於某個領域學有專精的人，通常會被人稱之為專家，只是戴上「專家」光環的人，可能常常被視為無所不能，因而得面對許多令人哭笑不得的問題。

知名劇作家蕭伯納就曾有過類似的經驗。

有一次他參加一場宴會，晚宴的時候，恰巧被主人安排坐在一位紡織廠經理的妻子的對面。

這位女士身材極其富態，說起話來又是嬌聲嬌氣，全然是一副富家貴婦的模樣，令蕭伯納頗為不耐。

她笑著問道：「蕭伯納先生，請問你知不知道哪一種減肥藥比較有效？」

對這個蠢問題，一向機智幽默的蕭伯納裝作正經八百的模樣，一手捻著嘴角鬍鬚，看著富太太回答：「哪一種藥最有效，我不是太清楚，倒是知道一種頗有良效的藥方，只可惜我怎麼也翻譯不出這個藥名，畢竟勞動和運動這兩個字詞，對您來說實在是道地的外國字啊！」

想必當時那名貴婦一定滿臉尷尬，不知該哭還是該笑。蕭伯納的言詞尖刻是出了名的，富太太此問自然是自討沒趣，更何況放任自己享樂而不運動的人，絕對是富太太自己。

用 幽默的方法，說出你的看法

專家並不是全能的，他們只是對於自己熟悉的領域有多一點的認識，至於他們對不熟悉的領域的了解程度其實也與常人一樣。蕭伯納雖然是著名的劇作家，並不表示他的知識無窮不盡，再說富太太之所以會詢問蕭伯納減肥的問題，八成也是因為蕭伯納身材瘦削，才會想要請教。

可是，經常被拿身材作文章的蕭伯納，對於這一類的問題自然特別敏感，回應起來就不免酸言酸語。

事實總是殘酷的，想要減重又不運動，如果不是無知就是自欺欺人，蕭伯納所指出的事實，剛剛好刺中富太太的致命傷，直接又不著痕跡，著實機智過人。

很多時候，我們所問的問題其實並非真的希望得到答案，抑或自己心裡早就有了答案，只是不想承認或面對而已。這種時候，被詢問的人很容易覺得不受尊重，心裡也會不好受，心裡的負面感受多了，情緒也會跟著受影響，說出來的話自然不會有多好聽了。

所以，爲了不讓自己無謂招來怨敵，行事不妨小心一點，不是真正想問的，不是真正困惑的問題，不要隨意問出口。同樣的，對方不是真心想要得到忠告的時候，不必費心給予建議，因爲心裡有了想法的人，其他的意見再多再好，也聽不進去，就好像一個倒滿水的杯子，該如何再往裡面倒水呢？

智慧▶▶語錄

勸告很少受人歡迎；最需要勸告的人，永遠最不喜歡接受勸告。

——奇斯特菲爾德

遭受惡意攻擊，要伺機反擊

越是遭人攻擊，越是要冷靜下來，學會自保之
道，才不會白白挨打；不論刀來劍來，都要能
予以格開並適時反擊。

無論是科學上、歷史上，甚至心理學方面，都沒有足夠的事
證可以解釋爲什麼有些豬頭總是會出現故意爲惡、傷害他人的行
徑。但是，不可否認的，人類社會自古以來總是不乏強欺弱、大
欺小的事件發生。

無論在校園裡，或是在社會上，種種彼此傷害的現象未曾消
絕，有時候，傷害者甚至毫無任何正當理由，只爲了滿足一時之
快罷了，但是受到傷害的人卻得長期背負痛苦。

因此，保護自己是一種當然且必要的反應，只要不是防衛過
當，遭受攻擊的時候，至少要懂得閃避或伺機反擊，以免平白受
到傷害。

擁有「睿智的議會雄辯家」之稱的愛爾蘭劇作家理查德・布
林斯利・謝里登，口才之犀利不難想像，在議會和日常生活許許
多多的場合裡，他更是鼓舌如簧爲人排憂解難。

有一次，謝里登在下議院裡，與另一位議員發生了爭執。由

於他實在對這位議員習慣說一套、做一套的行為感到憤慨，便忍不住當面指責他是個騙子、說謊家。那位議員立刻一狀告到議長那裡去，第二天，下議院議長便要求謝里登必須向那位議員道歉，因為他的話帶有侮辱性。

謝里登聽了，回答說：「我是說過那位尊敬的議員先生是個說謊家，此話一點兒也不假，對於此我實在深表歉意。」

言下之意是他認為自己不過陳述事實，豈有道歉之理。

又有一天，謝里登剛從朋友的住處返回自己的家，走到倫敦街上時，恰巧迎面走來兩個皇家公爵，這兩個人模人樣的豬頭平時總喜歡有意無意地挖苦這位作家出身的議員。只見他們兩人很親熱地與謝里登打了招呼，其中一個更拍拍他的肩膀說：「喂，謝里登，你猜我們剛剛在聊什麼？我們正在爭論，到底你這個人是無賴呢，還是蠢蛋？」

謝里登輕笑了一聲，說道：「喔，依我看呢，」說時遲，那時快，他一把抓住他們兩人的衣襟，然後站在他們兩人中間，「我相信我正好處於這兩者之間，這就是答案。」

用幽默的方法，說出你的看法

　　謝里登的嘲諷是屬於暗諷式的，表面上幽默且毫不在乎，但實際上卻是掩去了鋒芒的銳器，若是不小心，可是會遭受暗傷而有苦說不出的。

　　當然，謝里登的暗諷並非故意傷人，只是更懂得保護自己遠離傷害，勇敢面對無謂的攻擊且予以反擊。

　　鶴立雞群的人物，總是特別容易成為受人攻擊的標靶，但這並不表示他們就有必要乖乖地站著任人欺負。越是遭人攻擊，越是要冷靜下來，學會自保之道，才不會白白挨打。

　　我們可以不用要求自己凡事必要勝過他人，也可以不用逼迫自己處處走在尖端，但是我們必須站穩自己的腳步，不論風來雨來，都要能穩定地繼續往前走；不論刀來劍來，都要能予以格開並適時反擊。

　　不要為了利益而去傷害別人，也不要忘了保護自己，才能真正安身立命。

智慧 ▶▶ 語錄

　　要以十當百來對抗的力氣，自己是沒有的。但是要用以十當十的力量來對抗，這是做得到的。

——山本周五郎

與其訴苦，不如輕鬆呈現事實

抱怨和訴苦，或許能夠得到部分同情，但卻不
足以澄清別人心中的疑慮，倒不如用輕鬆的手
法，讓事實自己說話。

想要事情進行得順利，擁有好的工具和方法是一項不可或缺
的程序。好的規劃和運作模式，可以將好的創意與構想具體地呈
現出來，加上好的管理程序，事情的成效將更顯得卓越。

科技的進步，來自於思想上的躍進，因為有了新的想法，加
上良好的做法，以及鍥而不捨的努力，人類在知識上不斷地求新
求變，也讓自己的生活品質更為舒適，更為便利。做事情要有方
法，更重要的是要有想法，想清楚了，實行起來就能事半功倍。

著名的科幻小說家儒勒‧凡爾納是一位多產的作家，光是小
說部分的創作，就足足有一百零四部之多，其中《環遊世界八十
天》、《海底兩萬哩》等等更是膾炙人口、流傳不歇的傳奇佳作。

由於他寫作的速度實在太快，作品的內容更是充滿想像力又
具有深厚的科學知識內涵，因此就有人傳說他的作品並不全然都
是他自己寫的，而是私底下有一家寫作公司在支持著他，因為有
公司裡的那些作家和科學家不停寫作，才讓他享有聲名和地位。

這項傳言對凡爾納的聲譽有極大的傷害，但是他本人卻似乎不甚在意，更不曾試圖加以辯駁，放縱流言來去，認為反正總有一天會真相大白。

有一位記者針對這個說法，想辦法探訪到凡爾納本人。他來到凡爾納的工作室，表明了自己的來意，只見凡爾納但笑不語，引領著他來到一個房間。房間內擺

滿了一排排的櫃子，裡頭有各種書籍和報章資料，更特別的是有一批櫃子裡分門別類地排放了各種資料的整理卡片。

凡爾納微笑指著為數眾多的櫃子說：「我公司裡的所有員工都在這些櫃子裡，歡迎盡情參觀！」

用 幽默的方法，說出你的看法

成功像是一道燦爛奪目的光環，旁人除了成功的結果之外，關於成功之前的種種努力、嘗試與挫折等等，全都如同光環底下的黑暗台座一般，完全視而不見。然而，如果沒有這些先前的努力為基座，不可能撐得起成功的光環。

凡爾納的成功並不是一蹴可幾的，他也是經過一連串的努力

與執著才能夠得到後來的成就，這其中的苦處，不足爲外人道。

抱怨和訴苦，或許能夠得到部分同情，但卻不足以澄清別人心中的疑慮，倒不如用輕鬆的手法，讓事實自己說話。

每一份成功，除了個人的天分與努力之外，更重要的是如何站上巨人的肩膀，好讓自己看得更高，看得更遠。我們或許不必採取過於激進的方法，但是如何記取前人的成功與教訓，對於如何在思想創見上建立穩固的基礎，則會有十足關鍵的影響力。

再怎麼天縱英明的人，都要透過啓發，才有所謂的創新與創見，唯有經過知識的沉澱和轉化，才有可能開創出新的眼界。

 智慧▶▶語錄

> 任何一個人若想突然做出驚人的發現，都不符合事物發展的規律。科學總是一步一個腳印地向前發展，每個人都要依賴前人的工作。
>
> ——歐內斯特·盧瑟福

想要說服，先想好一套說詞

如果你堅信自己的想法是對的，請堅定自己的腳步，以實證去說服，真理如真金，豈會怕火煉。

　　所有聖哲道理都勸導我們，為人應該誠實，不妄言、不打誑語，待人真誠，行事純樸、平實。

　　然而，我們卻很明白，有時候，說真話並不一定真的都有好的結果。

　　假設你在一名極為怕老的婦人面前，稱讚她滿頭銀絲極有氣質，眼尾紋路多麼睿智，試問，這樣的奉承聽在她的耳裡，是開心還是氣憤呢？

　　又或者，你在一名作家面前當眾指出他作品中的錯誤，他或許應該感謝你，但是他想必不會太喜歡你，畢竟，你的實話在當時可能相當令他難堪。

　　除此之外，有些過於先進且前衛的事實，由於超越了一般人所能理解和接受的範圍，提出來的時候，往往會遭受到極為嚴厲的批判與攻擊。即使日後水落石出，誰是誰非不容辯駁，但是在當下可能會有令人極度難堪的場面，提出者恐怕多少要有點心理準備。

據說十七世紀末、十八世紀初時，有一位科學家霍爾丹與天主教牧師羅克納‧諾克斯恰巧聊及了各自學術上專精的領域，當時，諾克斯對於霍爾丹的一些科學上的理論頗不以為然。

霍爾丹提起了自己在天文學上的研究，推論在宇宙間應該還有其他的生命存在於其他星球，他說：「在宇宙之間存在著無數顆行星，難道就不可能有某一顆行星上，有其他的生命存在嗎？」

霍爾丹依據科學家實事求是的精神，認為在沒有親眼證實之前，是沒有辦法直接得到否定的答案的。換言之，除非能夠探遍每一個星球，否則豈可論斷宇宙間沒有其他生命存在。

但是，強論以人為本的宗教家諾克斯，則不作此想，忍不住嗤之以鼻說：「霍爾丹先生，照你這麼說來，如果倫敦警探在你家中的大衣櫃裡發現了一具屍體，你就大可以對他辯稱，世界上有這麼多衣櫃，說不定不只這個衣櫃裡有屍體，而要求警察先去清查世界上所有的衣櫃吧！」

諾克斯的態度擺明了就是不相信其他星球可能有生命存在，

即使霍爾丹說破了嘴，也得不到他的認同，一場談話只好草草結束。

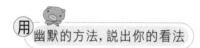

用幽默的方法，說出你的看法

科學的進步，往往來自於思想的革新，唯有革除舊思想，才能夠從創新之中獲得新的啟發。

以歐洲的歷史來看，科學與宗教經常處於對立的狀態。哥白尼在自己的著作《天體運行論》中提出地動說，認為地球繞著太陽轉動，而非天上各種行星繞著地球轉，這個理論徹底顛覆了天主教的中心思想。

後來，伽利略追隨哥白尼的腳步，發明了望遠鏡，也證實了哥白尼的理論確實無誤。人類在天文學上的發展，無異跨越了極大的一個階段，朝向未知的科學有了更進一步的體認與認識。

然而，歷史也告訴我們，哥白尼在有生之年，並不敢直接與龐大的宗教體系正面衝突，而是將自己的理論以拉丁文寫作，目的就是要限制有心人的閱讀。至於伽利略，雖然他發現了科學新知，也確實為後人在天文學等領域奠定了更高的基礎，但是他的學說卻也為他惹來了殺身之禍。

就知識的角度而言，科學家的發現，自然是求新求實，無論是否對人類社會有具體的幫助，都是提出一套理論解釋了某一個領域。

越是新的思想與概念，越會對沉浸在原本知識範疇中的人造成震撼。每一項新的說法，可能是一種建設，也可能是一種破壞，

想要確實為人所信，勢必得經過層層的考驗才能獲得認同。

　　所以，何必對別人的無知感到憤怒？如果你堅信自己的想法是對的，請堅定自己的腳步，以實證去說服，要切記，真理如真金，豈會怕火煉？而唯有經過烈火鍛燒後，生鐵才能進化成鋼，永不鏽蝕。

未證明不可能之前，一切都有可能——即使現在不可能，未來仍有可能。
　　　　　　　　　　　　　　　　　——賽珍珠

扯得上關係，就會讓對方感興趣

與其花時間向一個完全聽不懂的人說明你的做法，不如以對方聽得懂的方式將情況概述一遍，直接把結果和對方扯上關係。

創見最大的特色就是超越一般人的想法，以新的面貌、新的路徑、新的方法來施行解決方案。

有時候，創見能夠給予人耳目一新的感受；有時候，創見看起來荒誕不經、毫無邏輯；有時候，創見更會因為實證不足，而不受信任。

然而，如果每個人都因循既往，不敢踏出未知的新腳步，那麼歷史將因此停滯，科技也同樣阻礙不前，社會當然更不可能有所進步。

因此，不要害怕自己的想法別被人嘲笑，你現在缺乏的只是還沒和對方扯上關係而已，一旦扯上關係，對方自然會對你的想法感興趣。

法拉第是英國十九世紀時相當著名的化學家與物理學家，在物理和化學領域上的發現，對後代物理學與化學發展有極大的貢獻。其中最為知名的，就是他發明了世界上第一架發電機，為工

業發展帶來了極大的
進步，也讓人類的生
活有了更進一步的躍
進。

法拉第對科學知
識的探求相當執著，
有時光是為了一項研
究，可以一而再、再
而三地不斷實驗，一
次又一次地進行種種
測試，百折不撓直到成功了才肯罷休，而且很快又會再度展開新
的研究進度。

他對於研究的熱情與投入，看在一般人眼裡往往是迷惑與不
解，特別是法拉第進行研究時，並不會刻意考量研究的未來性與
獲利性，所以有些人總是搞不懂他這麼做到底有什麼樣的好處。

有一天，法拉第在進行實驗時，剛好一位熟悉的朋友前來拜
訪。這名朋友名為格拉道斯頓，是一名稅務官，一向對法拉第的
行為表示憂心，認為他過度投入那些無謂的研究，常常把正事給
耽擱了也毫不在乎。

格拉道斯頓一看到法拉第又是從實驗室裡走出來，顯然想要
只隨便聊幾句話就回去繼續做實驗，忍不住又數落了法拉第一頓。
他問：「你花了這麼大的力氣去做那些莫名所以的鬼實驗，即使
成功了，又有什麼用處？」

法拉第聽並不生氣，只是則輕描淡寫地回答：「好吧，這麼

說吧，要是我成功了，不久你就有稅可收了。」

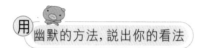
用 幽默的方法，説出你的看法

以這名朋友的觀念與想法，相信就算法拉第說破了嘴皮，將他的實驗如何詳細地解說，對方還是聽不進去，或是有聽沒有懂，只是浪費口舌罷了。

所以，法拉第捨棄了複雜的研究過程與計劃，只簡單地交代了最後的成效與結果，又與朋友的專業領域搭得上關係，也算是一種最佳的回答了。相信從他的角度來理解這項研究的未來，心態必定會改觀許多。

所謂「隔行如隔山」，在每個人的專業領域裡看似稀鬆平常的東西，到了另一個截然不同的領域之中，可能就變成了艱澀難懂的事物了，是不是內行人，一試便知道。一般人對於自己不熟悉的範疇，心裡多少會存有些芥蒂，通常也不會有什麼特別的興趣，甚至一點也不想深入去了解。

與其花時間向一個完全聽不懂的人說明你的做法，不如以對方聽得懂的方式將情況概述一遍就好，或者學學法拉第的做法，直接把程序跳到最後的結果，也直接把結果和對方扯上關係。雖然對方不見得真的很感興趣，但是如果他想深入了解更多，他就會主動發問，不是嗎？

所以，一味滔滔不絕地談論自己感興趣的事情，而不顧慮他人的情緒，就容易把話題談死，把氣氛搞僵。

對於自己的信念和創見，我們大可以自身最大的毅力來堅持，

必要的時候更要懂得將自己的想法推銷出去，但是，對於那些聽不進去的人，或許就可以不用白費力氣了。

　　若是對方剛好是關鍵人物，非說給他聽不可，那就得好好想出個辦法，把這個想法以及計劃和對方扯上關係，對方才有可能漸漸打開心防，任何說明與意見也才有進入對方耳裡、心裡的機會。

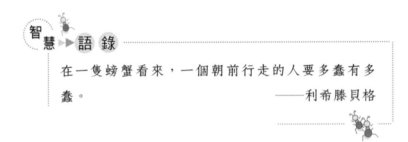

智慧▶▶語錄

在一隻螃蟹看來，一個朝前行走的人要多蠢有多蠢。
　　　　　　　　　　　　　——利希滕貝格

用智慧替自己創造機會

心想事成，是需要付出代價的，沒有提出需求，沒有實際行動，試問，心裡期望的事情又如何有成功的可能呢？

　　機會只有一個，誰能雀屏中選呢？理論上當然是由能力最強的人獲得，但是事實上往往是由最為積極主動的人獲得。

　　每到了畢業季，總有大批青年學子走入職場，應徵、面試……各種表現攸關著誰能進入福利較佳的企業，誰能得到心裡渴望的職位，誰能獲得較好的報酬。如何突顯自己的優點與需求，將是勝利的立基點。

　　詩人斯克爾頓有一次參加宴會之後，由於酒喝多了，時間也晚了，於是決定先暫時住進一家小旅舍休息一晚，第二天再返家。

　　到了半夜，他因為口渴而醒過來，但是在房裡四處找不到水瓶，偏偏又渴得厲害，於是大聲呼喚夥計，可是喊了老半天卻一個人也沒來應他，他又喊了自己的馬伕，可是也不知道馬伕跑哪兒去了。

　　突然，口乾舌燥的他靈機一動，打開房門大聲喊道：「失火了！失火了！快救火啦！」

頓時，整個旅店沸騰了起來，到處亂成一團，所有的人都被驚醒。斯克爾頓並不罷休，仍繼續喊叫，不一會兒馬伕和旅店夥計就全拿著蠟燭衝了進來，每個人都在問：「火在哪裡？火在哪裡？」

斯克爾頓煞有其事地指著自己的喉嚨，急促地說：「這裡，火在這裡，我的喉嚨乾得快燒起來了，快端水來救火！」

用幽默的方法，說出你的看法

斯克爾頓刻意誇張，目的並不是在找人麻煩，而是要將自己的需求突顯出來，讓人重視自己的要求，才有可能讓自己的需求獲得滿足。

不少人講求客氣，遇到事情即使心裡有所不滿，通常也會在表面上保持風度，個人心裡即使有所需求，往往也不好意思當眾表達出來。

然而，需求如果不能適時地表達出來，而是期望別人能夠主動覺察，顯然是一種被動的做法，當對方無法及時體貼地察覺時，心裡的沮喪豈不是更加倍顯著？

就好像男孩對女孩有好感，如果連表白的勇氣都沒有，又怎麼能夠說女孩一點機會都不給呢？說不定女孩根本完全沒有察覺對方的心意。

心想事成，是需要付出代價的，沒有提出需求，沒有實際行動，試問，心裡期望的事情又如何有成功的可能呢？

反過來思考，如果能夠適當將自己的想法釋放出來，而有人剛好可以提供協助，不就正好能知道誰是恰當的協助對象？

把自己的需求說出來並不可恥，要給自己更多足以完成需求的機會與空間，爲了自己的目標，持續不斷地努力，用幽默的手法善用周邊所有的資源，夢想成真的機率將無限提升。

智慧 ▶▶ 語 錄

> 毅力是成功的先決條件，如果你不斷地用力敲門，
> 總會有人應門的。　　　　——亨利・朗法羅

觀察敏銳，就會獲得更多機會

 敏銳的觀察力並非某些專家的專利，而是每個人都能訓練的能力，對於生活的種種細微徵兆便能夠及早覺察並有所準備。

身為一名科學家，最重要的能力就是要有比常人更加敏銳的觀察力，唯有觀察敏銳，大膽假設小心求證，才能在實驗與研究中獲得顯著的成就。

其實，觀察力的敏銳度的培養，對每個人在日常生活中的事務處理也有極大的幫助。不論是商業活動、職場生涯規劃等等，若能夠善用個人的觀察力，往往具備了攻守優勢，也能夠為自己爭取更多良機。

以推理小說聞名世界的英國作家柯南・道爾，筆下的《福爾摩斯探案》系列作品，至今仍然受到無數讀者的歡迎。當然，推理小說家所需要的觀察力更是得勝過凡人。

有一次，柯南・道爾從法國南部渡完假來到巴黎，剛出火車站他就伸手召來一輛出租馬車。

車一停，他先將旅行箱放上車，而後坐入車廂裡的座位。令人訝異的是，他還沒開口說出自己的目的地，就聽到車伕問他：

「柯南‧道爾先生，您好，請問打算上哪兒去呢？」

柯南‧道爾一聽，感到有點驚訝，問道：「咦？我們認識嗎？」

車伕回答：「不，我與柯南‧道爾先生您未曾謀面。」

這下可引起了柯南‧道爾的興趣了，不禁好奇地問：「那你怎麼會知道我是柯南‧道爾呢？」

馬車伕笑著說：「這個嘛，我是在報紙上看到你到法國南部渡假的消息，又看到你是從馬賽開出的那列火車下來，而且您的皮膚略顯黝黑，看起來就像是在某個陽光充足的地方至少待上了一個多星期。再來，您的右手指上有一塊墨漬，說明您一定是時常用筆的人物，加上您有著那種外科醫生才有的敏銳目光，與英國士紳的服裝，種種跡象顯示，您絕對是柯南‧道爾沒錯。」

柯南‧道爾聽了大吃一驚，想不到一名小小車伕也有如此精準的觀察力和推理力，因而對車伕說：「既然，你能夠從這些細微的觀察裡認出我來，看來你和福爾摩斯也不相上下了。」

　　聽到柯南・道爾的稱讚，車伕笑開了嘴，問明了目的地之後，便揮鞭動身送柯南・道爾前往。

　　下車的時候，柯南・道爾向車伕道了謝，也給足了車資與小費。

　　就在柯南・道爾提過車伕交給他的行李，準備離開的時候，車伕竟再度叫住他，狡黠地說：「柯南・道爾先生，您知道我猜出了您的身分，但是，有一點您還不知道。」

　　柯南・道爾疑惑地問：「哪一點？」

　　「就是您的旅行箱上剛好寫著您的名字。」

用 幽默的方法，說出你的看法

　　即使觀察力敏銳如柯南・道爾，這下也不得不佩服這名車伕，竟能透過一些細節反過來對他開了這麼一個大玩笑，而且恐怕也不禁得要反省自己在觀察功力上的輕忽之處。

　　由此可見，敏銳的觀察力並非某些專家的專利，而是每個人都能訓練的能力。

　　培養精準的觀察力，對於生活的種種細微徵兆便能夠及早覺察並有所準備。

　　所謂「防微杜漸」，若是不能在平常就不斷強化對周遭事物的關注力，又如何能夠察覺出局勢已有什麼樣的變化，當然也就不能預先準備因應的對策，反應上也就容易失去先機。

　　就像故事裡的那名車伕一樣，或許他並不像福爾摩斯一樣是一名聲名大噪的偵探，但是他同樣可以利用自己的觀察能力，為

工作提升更高的效能，令客戶對他產生更為深刻的印象。

　　成功的路徑並不僅只一種，但是成功的原則和邏輯往往有跡可循，只要能掌握住技巧並適時加強各種能力的養成，就能夠一步一步往成功的標的前進。

　　應當學會觀察，再觀察。不學會觀察，你就永遠當不了科學家。

　　　　　　　　　　　　　　　　　　　　——巴甫洛夫

用幽默的話語化解緊張情緒

我們無法確定我們會在什麼時候遇上危機，但
是我們至少能夠學習以最冷靜、最坦然的態度
去面對，以幽默的話語化解緊張情緒。

危機之所以出現，通常是因為沒有心理準備，如果不能臨機
應變，一個比一個還要焦急，任由慌亂的情緒彼此感染，事情失
敗的機率就高了。

危機出現的時候，身為領導者，更要有一份勝過旁人的冷靜，
才能夠穩定住軍心，就像風雨中顛盪的船隻，有了穩固的舵手，
才能有驚無險地朝向黑暗中的明亮燈塔駛去。

在慌亂的時候，只要有人能率先冷靜下來，漸漸地就能影響
周遭的人，在一心同體的狀況下，一同面對危難，共度難關。

西元一九五一年，美國知名的喜劇劇作家斯克爾頓和朋友一
同搭機前往歐洲觀光，他個人之後還要趕往倫敦雅典娜劇院演出。

當飛機越過阿爾卑斯山的時候，左右三個引擎突然同時故障，
紛紛熄火。

當時局勢非常危急，駕駛員只能利用剩下的一個引擎，在某
一處較為平緩的山坡迫降。

當空服員告知迫降的消息之後，機體的震盪也越來越劇烈，乘客們紛紛驚慌了起來，有人尖叫、有人低聲禱告，誰也不想這架飛機發生最令人遺憾的事情。

機艙裡一片亂哄哄的景況，連空服員都快要安撫不了了。

這時候，斯克爾頓突然說起一段逗趣的台詞，原來他正扮演著他最受歡迎的一齣劇碼中的一個丑角，由於他的表演極為精采，成功地分散了一些乘客的注意力，機艙裡的緊張氣氛才稍顯和緩。

不久，駕駛員總算傾盡全力，穩穩地將飛機停在一片斜坡上，幸好油箱沒破，沒有爆炸的危險，這時所有的乘客都像及時逃離地獄之門一般喜極而泣，人人歡欣鼓舞，開心得不得了。

斯克爾頓也恢復原來的聲調，對大家說：「各位女士先生們，二十分鐘前承諾上帝要改過的壞習慣，全都可以恢復了。」

用 幽默的方法，說出你的看法

斯克爾頓的幽默感，除了讓自己在危急的時候冷靜以對之外，更可以幫助他人一同以樂觀豁達的態度來面對危難。

斯克爾頓遭遇的情況，假如最後真的不免一死，那麼急也是死，不急也是死，又何必急得像熱鍋上的螞蟻呢？若能夠將慌亂

的心情平靜下來，冷靜思考，說不定反而會有一線生機。

　　試想，如果有乘客因為過度慌張而離開座位，在飛機失去穩定的情況下，勢必會造成更嚴重的傷害；而在機艙混亂的局勢下，駕駛員也勢必無法專心應對迫降時需要的沉著精準行動，一旦出了差誤，極可能就是飛機墜毀，反令全機的旅客失去求生的可能。

　　在當時的狀況，全機的旅客只有一件事情能做的，就是安靜下來，穿上救生衣，將自己固定在座位上，然後全心信任駕駛員與空服員的指示。唯有如此，才能在保護自己最安全的狀態下，追求所有人的生存。

　　斯克爾頓很明白慌亂在當時對於所有乘客可能的損害，於是使出了渾身解數，逗乘客們發笑。

　　笑開了，注意力也會被成功轉移。反正擔心也無濟於事，何不專注於眼前的精采表演，情緒也多少會冷靜下來。

　　後來，飛機迫降成功，機上旅客雖然幸運生還，但仍然面臨在冰天雪地中等待救援的景況，這時斯克爾頓一記回馬槍的幽默話語，再一次利用笑聲化解乘客們緊張的情緒。

　　我們無法確定我們會在什麼時候、什麼場合遇上危機，或許我們並沒有立即的解決之道，但是我們至少能夠發揮本身的機智幽默，學習以最冷靜、最坦然的態度去面對。

智 慧 ▶▶ 語 錄

　　我已經學會了安於命運，並且總是力求在日常的鬱悶生活中找出一點小樂趣。 ——瑪麗‧S‧居里

chocolate
better
than 5
I

Chapter 5

想罵人，要以退為進

機智幽默可以說是人際應對不可或缺的智慧，

尤其是當自己出糗或遭到言語攻擊之時，

適時發揮機智幽默反唇相譏，

絕對可以扳回一城。

換角度看，缺點也能很可愛

覺得另一半不完美時，不妨換個角度來看待這些缺憾。懂得欣賞對方的缺點，相處會更容易，生活也會快樂自在些。

　　如果要用一種動物來形容你的另一半，你認為你的另一半是哪一種動物？其實，我們對另一半的看法，同時也反映了對自己的看法。無論你的另一半像哪一種動物，你自己也一定兼具那種動物的特質。

　　不信的話，照照鏡子，你就知道了！

　　一天早上，妻子興沖沖地對丈夫說：「告訴你，我昨晚做了一個夢，精采得不得了！」

　　「那還不趕快說來聽聽。」丈夫露出了期待的表情。

　　妻子於是說：「在我的夢裡，你是男主角喔！」

　　「喔？真的嗎？那我要不是英俊瀟灑的白馬王子，就一定是名風度翩翩的蓋世豪俠！」

　　「都不是耶……」妻子露出神秘的微笑說：「我夢到你手拿著菜刀，氣喘吁吁地在追殺一隻豬。」

　　「有這麼奇怪的夢？我在追一隻豬？」

「是啊！」妻子點點頭說：「你跑得汗流浹背的，渾身的肉都在上下抖動，結果，那隻笨豬跑進了一條死巷子裡，被你逮個正著。」

「那然後呢？」丈夫急切地問道：「我是把那頭笨豬大卸八塊，還是殺牠個片甲不留？」

「都不是耶……」妻子說：「我看到你很高興的一步步朝牠逼近，就在最關鍵的那一刻，那頭豬突然跪地求饒，抓著你的大腿說：『本是同根生，相煎何太急』……」

用 幽默的方法，說出你的看法

只會批評別人而不檢討自己的男人，從來不願照照鏡子，看看自己究竟長什麼德性，老是自以為是白馬王子，當然會引起另一半的譏諷。

覺得自己的另一半是豬，這是許多人的想法。

因為認識一個人越久，了解得越深，越容易遺忘對方的優點，反而是缺點看得越來越清楚。

他雖然在外面衣裝筆挺，回到家裡卻是連腳都不洗！

他雖然工作時勤奮有勁，下班以後卻老是懶得動一動！

人類的缺點其實與豬的習性大同小異，越是看到另一半好逸懶散的一面，越會覺得自己是在跟一頭豬一起生活。

如此一來，多少難免對對方心生反感，而對這份關係的失望，也將逐漸取代對方其他的可取之處。

其實，換個角度來說，跟豬一樣也沒有什麼不好。

　　就算是豬，也總有牠可愛、聰明的地方。重點是，不要輕易讓自己心灰意冷。當你覺得另一半不若婚前完美時，不妨換個角度來看待這些缺憾。

　　只要我們能夠懂得欣賞對方的缺點，言談就不會那麼尖酸刻薄，相處起來也就會更容易，生活也會快樂、自在一點。

說實話，也要看對象

 難聽的「事實」應該留給信賴我們的人，因為唯有他們會認為這些話出自誠心，因而認真反省自己的不足。

　　想說實話，必須先看對象，箇中的原則就如同英國哲學家培根所說：「人與人之間的最大信任，就是關於進言的信任。」

　　實話能不能實說？當然沒有百分之百的正確答案；我們只能盡可能將自己的想法，用比較幽默的說法傳達給願意傾聽的人。

　　話說，有位圖畫得不怎麼樣的畫家，一個人住在一間地下室裡。

　　某天，一位朋友來看他，畫家便把朋友帶進自己住的地方，並且喜孜孜地向他發表自己未來的計劃。

　　畫家說：「我打算把這房間的牆壁粉刷一下，然後在牆上作畫。」

　　這個傢伙真的很沒有自知之明！朋友聽了，沉默了一會，然後對畫家說：「我看，你最好先在牆上畫畫，然後再粉刷牆壁！」

 用幽默的方法，說出你的看法

中國有句古諺是這樣說的：「良藥苦口利於病，忠言逆耳利於行。」

像這樣聽起來有點「毒舌」的建議，實在是「逆耳忠言」的最佳例證，雖然可能會傷人自尊，不過該說的話總是要說，這是身為朋友的責任之一。

是的，照理來說，若是真正的朋友，就應該坦白告訴他你的想法，客套的恭維，反而會害了對方。

但我們也都知道，有的時候什麼話都能說，就是不能說「實話」，一旦說了，搞不好這段友誼即使不說「bye bye」也要因而變色了。那麼，這當中的取捨，又要怎麼選擇呢？

問問自己，朋友對你的信任有多少？

如果不是全然的，你的話對方多半也不會當真，可能就不必冒著失禮或是影響彼此關係的危險，說些逆耳的忠言。

若只是點頭之交，不一定值得我們挖心掏肺地說實話。或許，難聽的「事實」應該留給信賴我們的人，因為唯有他們會認為這些話出自誠心，因而認真思考，並反省自己不足的地方。

想罵人，要以退為進

機智幽默可以說是人際應對不可或缺的智慧，尤其是當自己出糗或遭到言語攻擊之時，適時發揮機智幽默反唇相譏，絕對可以扳回一城。

　　活在這個紛紛擾擾的社會，人難免會遇上麻煩，難免遇到有心人故意找碴。這時，硬和對方計較，就會淪為潑婦罵街；置之不理，對方可能得寸進尺，讓人難以嚥下那口鳥氣。

　　最好的方法，就是適時露一手絕活，用幽默的方法表達自己的看法，讓對方像鬥敗的公雞氣焰全消。

　　一日，有個小混混外出搭乘公車，雖然公車上很擁擠，不過他憑藉著「勇猛」的精神，一屁股就坐在一個座位上。

　　當他正沾沾自喜的時候，忽然聽到身後有個蒼老的聲音：「哎喲……小伙子，你怎麼坐我的腿上呀？」

　　小混混臉色一紅，立刻站了起來，但仍嘴硬地撂狠話：「你嚷什麼？嘴巴大？嘴巴大你能吃了我？」

　　「咳，咳，小伙子，我可不敢，我是信回教的。」

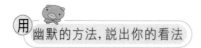
用幽默的方法，說出你的看法

　　回教徒是不屑吃豬肉的，這位老先生是拐著彎罵這個小混混豬呢！想必以他罵人的功力，恐怕被罵的人還要過幾秒，腦袋轉上一圈才發現自己吃了悶虧，薑果然是老的辣！

　　面對惡意的挑釁時，你可以選擇閃避，更可以選擇主動出擊，利用幽默營造出曖昧空間，反將對手一軍。

　　遇到挑釁，臉紅脖子粗地和對方槓上是最差的策略，不如學學故事中的老人，用幽默的方式反擊，這才是最高明的做法。

　　想要用風趣的方式表達罵人的意思，就必須懂得「以退為進」的罵人藝術，口中說的話看似退讓，但是展現的效果遠比直接罵對方是豬還要惡毒。

　　罵人當然不是好事，但要是真的忍不住想開罵，就要罵得對方體無完膚。這種以退為進的罵人方式，一定可以讓人氣得高血壓、心臟病一起發作。

　　機智幽默可以說是人際應對不可或缺的智慧，尤其是當自己出糗或遭到言語攻擊之時，適時發揮機智幽默反唇相譏，絕對可以扳回一城。

愚笨的人，往往不承認自己笨

不聰明的人一樣可以勤能補拙，怕就怕明明自己很笨，卻又打死不承認；明明自己很平庸，卻硬要裝聰明。

每個人都希望當個聰明人，然而，智商高並不代表什麼，社會上有許多成功人士，他們的智商未必比別人高，只是比別人更加努力而已。

可是，許多不聰明的人卻不了解這點，不是硬認為自己很聰明，就是努力想盡各種辦法，試圖讓自己變聰明。

碰上這種人，千萬不要和他們講大道理，憑他們那點智商，根本無法明白你的話意。你唯一能做的，就是幽他們一默。

資訊展時，某廠商展出了一個IQ測試器，只要把頭放進機器中，機器就會測出一個人的IQ有多高。

小明和小華興沖沖來到了機器前，看見有人把頭放入機器中，接著機器上面的螢幕顯示了「一七九」這個數字，表示這個人智商高達一七九。

小明覺得非常有趣，迫不及待地也將自己的頭伸入進去，沒想到，過了不久，螢幕顯示：「你的智商為：一」，令小明看了

非常沮喪，小華則在一旁笑得合不攏口。

輪到小華時，他認真地把頭放入機器中，經過很長一段時間，螢幕竟然顯示：「請勿拿石頭開玩笑」，氣得小華差點當場砸爛機器。

他們兩人有了這次經驗以後，決定回家去閉關苦讀。隔了一年之後，小明和小華再度來到資訊展的IQ測試器前。而經過一年的研發，IQ測試器已經升級將原本的螢幕顯示系統改為語音程式。

小明先把頭放入機器內，幾秒鐘後，機器便宣佈：「你的智商為十」，小明聽了真不知道該哭還是該笑。

接著，換小華把頭放入機器中。誰知，他的頭才放入沒多久，這台機器便疑惑地說：「咦，這顆石頭好面熟啊！」

用 幽默的方法，說出你的看法

這個世界上有四種人：聰明的好人、不聰明的好人、聰明的壞蛋，還有頭腦又笨心眼又壞的渾蛋。你認為你是哪一種人呢？

聰明與否，其實和人的成就沒有多大的關係。但是一個人願不願意承認自己笨，卻會影響到他這一生的前途。

聰明的人也許學習能力比較強，做起事情來比較輕鬆。但是不聰明的人一樣可以勤能補拙，把事情做得和別人一樣好。

怕就怕明明自己很笨，卻又打死不承認；明明自己很平庸，卻硬要裝聰明。偏偏這種腦袋裝石頭的人充斥在我們週遭，不幸遇到了，除了說些笑話諷刺之外，又能拿他們怎麼辦呢？

別把尖酸刻薄當成幽默

女人最敵不過的，是男人的甜言蜜語；最難以
忍受的，是男人的尖酸刻薄。

　　幽默是人際交往的潤滑劑，可以快速拉近人與人之間的距離。
但是，想展現幽默的時候，千萬不要太過火，一超過界線恐怕就
會變成尖酸刻薄。

　　大多數人最常犯的錯，就是把尖酸刻薄誤以為幽默，常常一
不小心就替自己惹來橫禍，許多不幸事件不都是「嘴巴賤」惹出
來的？

　　話說在大馬路上，一名男士跟一名素未謀面的小姐搭訕：「小
姐，請問妳爸爸是小偷嗎？」

　　這名小姐被問得莫名其妙，不禁反問道：「你怎麼這麼說
呢？」

　　男士用十分浪漫的口吻回答：「要不然，他怎麼能把天上的
星星放在妳的眼睛裡呢？」

　　這番話令小姐頓時心花怒放，雖然嘴上斥責男士「無聊」，
但是心裡卻感到非常得意。接著，男士又從頭到腳打量了一下這

位小姐，然後再度問道：「小姐，請問妳媽媽是名農婦嗎？」

「喔？爲什麼你會這麼認爲呢？」小姐的語氣又是疑惑又是期待，滿懷希望地盯著男士，期盼他會再說出令人驚喜的甜言蜜語。

不料，男士這時卻蹙著眉說道：「要不然，她爲什麼要把兩根蘿蔔放在妳的腿上……」

女人最敵不過的，是男人的甜言蜜語；最難以忍受的，是男人的尖酸刻薄。懂得在適當的時候，說些適當甜言蜜語的男人，是最聰明、也最幸福的。

女人永遠都希望男人覺得自己漂亮、有魅力，而男人的甜言蜜語，當然就是最能夠快速證明的方法！

雖然很多男人認爲自己唱的比說的好聽、做的比講的實際，但在女人心目中，任何事物都不比男人親口說出來的話還令人感到安心。

並不是女人愛聽好話，她們只是想要藉著這些話，來證明自己在對方心中仍是完美的。尤其，越是長久相處的伴侶，越是需要甜言蜜語的滋潤。

人都喜歡被稱讚，尤其當對方是自己最心愛的人。所以，親愛的男人們，別再吝於開口討好身旁的女人了。

同時，說話的時候千萬要注意，別把尖酸刻薄當成幽默，刻薄的話語只會讓人恨不得一刀閹了你。

用幽默的方法表達自己的尷尬

一旦發現自己的缺失，人們通常會試圖以自大來遮掩它。但是越掩飾只會讓缺點越曝露，倒不如用幽默的方法表達自己的尷尬。

作家塞巴特勒曾經如此寫道：「想要掩飾自己的尷尬，讓對方接受原本不想接受的情況，最好使用對方喜歡聽的語言。」

想要提昇自己的處世競爭力，做人做事不一定要樣樣拼第一，但是，一定要講究表達的技巧，幽默的談吐不只可以在尷尬的時候替自己解圍，同時也可以和別人輕鬆溝通。

一場激烈的戰鬥以後，部隊裡舉行了論功行賞大會。

將軍首先問一名士兵：「小伙子，這次激戰當中，你做了些什麼？」

士兵回答：「報告將軍，我一共殺了十二個人！」

將軍點點頭，拍了拍士兵的肩膀，以示慰勞。接著，將軍又問另外一名士兵：「小伙子，在這次激戰當中，你做了些什麼？」

「報告將軍，我一共殺了二十個人！」

將軍再度露出滿意的笑容，記下了這名士兵的名字。

終於，輪到最後一名士兵了，將軍照例問道：「小伙子，在

這次激戰當中，你做了些什麼？」

　　這名士兵自豪地說：「將軍，您聽了一定很高興，在戰鬥期間，我勇敢的衝上一座山頭，一口氣砍掉五十個敵人的腿！」

　　「喔？砍掉他們的腿？這可真稀奇哪！不過，你爲什麼不直接砍掉他們的腦袋呢？」將軍露出了疑惑的表情。

　　「這……」這名士兵笑嘻嘻地解釋說：「報告將軍，因爲他們的腦袋都已經被別人砍掉了。」

用 幽默的方法，説出你的看法

　　每個人都有弱點，也都有不如常人之處。能夠正視自己的問題，你的問題就算解決了一半。

　　最怕的是，有些人不願意面對自己不足，反而妄想用自大來掩飾，這種毫無自知之明的人，只會阻斷了自己的進步空間，試問，這樣的人怎麼可能會贏得別人的尊重呢？

　　一旦發現自己的缺失，人們通常會試圖以自大來遮掩它。但是越掩飾只會讓缺點越曝露，倒不如像故事中的士兵，用幽默的方法表達自己的尷尬。

　　不要老是擔心別人沒有發現你的優點，反倒是先想辦法隱藏自己的缺點，才是高明人會做的高明事！

互相較勁，不如謙虛檢討

與其花時間對擁有不同專長或理念的人出言譏刺或彼此比較，不如好好思考，自己應該怎樣補足欠缺的地方。

不論是全才或專才，每個人總免不了有自己專長或不專長的項目，也有屬於自己的優勢所在；專才可能有「眼界不夠廣泛」的毛病，全才也可能有「不夠專精」的問題。

有個年輕的醫學畢業生去看他的家庭醫生，因為剛剛考到醫師執照，所以心裡仍然有點飄飄然的，十分得意。

年輕人志得意滿地告訴這位已經行醫多年的家庭醫生，現在他們兩個人已經是同行了。

「你大概比較想做專科醫生吧？」老醫生試探性的詢問。

「對，」年輕醫生說：「我以後想要專門看鼻病。因為耳和喉太複雜了，我認為不能跟鼻子併為一科。」

「真的嗎？」老醫生聽了點點頭，隨後又問年輕人：「那麼，你準備專門看哪一個鼻孔？」

用 幽默的方法，說出你的看法

　　很明顯的，老醫生當了好幾十年「全都看」的家庭醫生，擺明了就是在諷刺年輕人「你就那麼點本事」。

　　不過，話又說回來，全才是人才，專才也是人才，實在不需要彼此「相輕」、彼此敵視。

　　在傳統企業觀念裡，大部分老闆都希望請一個什麼都會、什麼都能做的人把所有項目統統包起來，不但好用、節省成本，又省去各部門間彼此溝通上的困難。可是，人沒有十全十美，也沒有無所不能的，隨著現代人對食、衣、住、行、育、樂各方面的要求漸漸提升，對於在特定領域有出色才能的專才，需求也就比以往更甚了。

　　與其花時間對擁有不同專長或理念的人出言譏刺或彼此比較、爭個高下，不如好好思考，自己應該怎樣補足自身欠缺的地方，這才是我們最應該努力的方向，你說是嗎？

勇於質疑，才不會白白吃虧

真相常常不在別人為我們準備好的答案裡。在應當懷疑的時候勇敢發出質疑之聲，才不會白白吃了悶虧。

　　英國哲學家培根曾說：「從確信開始的人將以懷疑結束，但甘心從懷疑開始的人，將以確信告終。」

　　適度的懷疑並不是病，反而是為了讓我們確信「什麼應該相信」。一個不懂得懷疑的人，可能要經過許多次的跌倒、吃虧與背叛，才能學會在應該懷疑的時候適當提出疑問，以釐清真相。

　　別說現代人太小心眼，總是懷疑東懷疑西。世風日下，很多事情已不能再用「絕對」來掛保證，懂得用幽默的方式表達自己的質疑，反而才是最保險的處世之道。

　　在某個法庭上，律師正以驚人的氣勢盤問著證人：「說！是否有人給你五十萬元，要你說被告有罪？」

　　證人沒回答，只是望著窗外，彷彿沒聽見。

　　律師又問了一次，但證人仍然沒有回答。

　　最後，法官對證人說：「請你回答這個問題。」

　　「噢！」證人驚惶地說：「我還以為他是在跟你講話呢！」

用 幽默的方法，說出你的看法

　　這位證人的回答還真是妙不可言，雖然在法官聽來實在有點白目，不過，依照現在的世道，法庭之外究竟誰給了誰五十萬元，不也沒有絕對的「可能」與「不可能」嗎？

　　法官、律師跟證人都是人，如果證人可以被人塞五十萬元，法官跟律師同樣有被塞五十萬元的可能性。我們當然不必事事疑神疑鬼，但卻也不能傻傻地不懂得有所質疑。無論面對什麼事，對於那些太過「老實」的老實人來說，有的時候也必須學著「油條」一點。

　　所謂「人善被人欺」，很多詭計與手段都是在看不見的暗處進行的，既然唯恐被人知道，又怎麼會讓人一眼看穿呢？懂得主動發現是否有何不合常理之處，才不至於當了冤大頭！

　　真相常常是隱晦不明的，事情的解答可能並不在別人為我們準備好的答案裡。在應當懷疑的時候勇敢發出質疑之聲，才不會白白吃了悶虧。

不懂裝懂，最容易被嘲弄

 能勇敢承認自己不懂，是一種謙虛。若是明明
不懂還裝懂，那你活該受到人們的嘲笑！

　　有句諺語說：「海龜下了千百個蛋卻都不動聲色，但是母雞
下了一個蛋，就要叫得讓全國的人都知道。」

　　據說，時下一些有錢人都只是荷包滿滿，但腦袋空空。尤其
是那些自以為了不起的貴夫人就更不用說了，一般而言，她們的
知識僅限於珠寶、時裝、化妝品和麻將而已。

　　但糟糕的是，她們卻很喜歡炫耀，又喜歡不懂裝懂。遇到這
種人類，應該怎麼讓她們看清自己的嘴臉呢？

　　一天，某位貴夫人到一家餐廳用餐，無意中聽見隔壁的兩名
客人正滔滔不絕地談論了中國古代作家曹雪芹，話語間盡是對曹
雪芹的崇拜與讚賞。

　　那名貴夫人為了想要展現自己見多識廣、認識許多名人，便
故意走上前去，很高興地說：「你們說的那個曹雪芹啊！我跟他
可是好朋友呢！昨天我才和他一起打麻將打到半夜三點，結束之
後，我還送他去坐捷運呢！」

一旁的人聽了，紛紛哈哈大笑，嘲笑這名太太的孤陋寡聞。

貴夫人覺得很不是滋味，回家以後，立刻把剛才發生的事一五一十地告訴她先生，並且生氣地說道：「笑什麼笑！有什麼好笑的！我真搞不懂那些人到底在笑什麼？」

她的先生聽過之後也跟著笑了起來，說道：「妳真是笨啊！妳想想，打牌打到半夜三點，上哪兒去坐捷運呢？妳在台北住那麼久，還不知道捷運只營業到半夜十二點嗎？」

人與人之所以會有爭論，是因為每個人都自認為懂得很多，都急著要證明自己是對的。承認自己「懂」，需要的是自信；但要承認自己「不懂」，需要的則是勇氣。

遇上不懂裝懂的人，千萬別告訴他：「知識是無窮無盡的，一個人哪能懂得全部的知識？一旦了解了這一點，你就會懂得以更謙遜的態度，把自己放在微小的位置去看這個廣大的世界。」

這麼說，對方只會惱羞成怒，事後依舊擺出一副什麼都懂、什麼都在行的驕傲嘴臉。倒不如說個貴夫人的笑話，讓他明白在別人眼中，他只不過是個不學無術的小丑。

能勇敢承認自己不懂，是一種謙虛。若是明明不懂還裝懂，那就活該受到人們的嘲笑！

Chapter 6

用幽默創造
出其不意的效果

不管是什麼樣的境況，

都要在幽默與創意的推波助瀾之下，

順時順勢為自己謀得成功的契機。

運用機智回答愚蠢的問題

 問題既然問得蠢，答案自然就不一定照章行事，更何況最幽默的答案往往只會讓發問者聽了瞠目結舌，卻完全挑不出毛病。

　　小孩子剛學會說話的時候，語言馬上就變成一項探索世界的新工具，你會發現，當他們學會使用語言表達自己的需求之後，接下來你就會進入一個「為什麼」惡夢的時段。

　　當孩子的每一個問題都以「為什麼」為開頭，而在你的每一個答案之後再接上一句「為什麼」的時候，大部分的人都會陷入不知如何回答的狀態，因為有很多問題連你自己都會想問為什麼，最後被「為什麼」三個字問到抓狂。

　　具有好奇心、喜歡問問題當然是一項良好的特質，想要尋求創新，保有思緒活水，抱持懷疑的科學精神不可或缺。然而，追不了根、究不了柢的時候，往往會讓人沮喪且心煩。

　　我們的生活需要他人的配合才能順利進展，向別人求助、給別人幫助，是我們彼此互動的主要模式。如何開口、問對問題，就攸關事情的成敗了。

　　美國幽默大師馬克‧吐溫，曾經隨著哥哥一同在密蘇里州辦

一份報紙，那一段辦報的時光，不只磨練了馬克·吐溫的文筆，也開展了他看社會的視界。

有一次，他收到一封報紙訂戶的來信。訂戶在信中問到：「馬克·吐溫先生您好，我在報紙裡發現一隻蜘蛛，請問您這是否是一種預兆？是吉兆還是凶兆呢？我該怎麼辦呢？」

馬克·吐溫很快便回信了，他在信上寫道：「這不是什麼吉兆，也不是什麼凶兆，這隻蜘蛛只不過是想爬進去報紙看看到底哪家商店沒在報紙上刊登廣告，牠就決定到那家商店門口結網，好能安安靜靜地過日子。」

這名訂戶的來信或許是一封抱怨信，也有可能是來找碴的。

在報紙裡發現蜘蛛，當然不是什麼令人愉快的事，但是這名訂戶卻極有幽默感，將一封抱怨信寫得一點火氣也沒有。

只不過，馬克·吐溫到底技高一籌，回信更具幽默感，不只四兩撥千斤地避開訂戶的問題，更幽默地呈現自家報紙廣告的效力，確實一舉兩得。

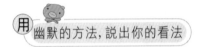
用幽默的方法，說出你的看法

　　如果這名訂戶並非刻意幽默地提出這個問題，那麼這無疑是個極為愚蠢的問題了，而馬克‧吐溫的回答也更顯犀利諷刺。

　　就好比你質問一個人：「你為什麼會在這裡？」對方卻回答：「我坐公車來的。」你想問的是動機，對方卻以答案來模糊焦點，看起來雞同鴨講、答非所問，其實是蠢問妙答。

　　問題既然問得蠢，答案自然就不一定照章行事囉，更何況最幽默的答案往往只會讓發問者聽了瞠目結舌，卻完全挑不出毛病，縱使不滿意，也只能啞巴吃黃連，乖乖把苦怨吞下。

　　問問題其實是一項需要磨練的技巧，問對了問題往往可以一針見血地解決問題，或是找到未來的解題方向。問錯了就會讓人的答案繞了遠路，也使得答題者覺得自己的智慧受到侮辱，因而產生反感，如此，你可能非但得不到答案，反而還會被人冷嘲熱諷一番。

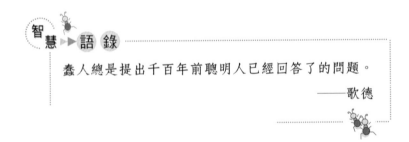

智 慧 ▶▶ 語 錄

蠢人總是提出千百年前聰明人已經回答了的問題。

——歌德

從側面反擊，使對手無力還擊

對付敵人並不一定只有硬碰硬一個方法，有時候耍點假動作，再攻對方一個出其不意，反而更有得分的可能性。

　　想要立於不敗之地，就要有接受批評的雅量，先站穩腳步，即使被砲轟也屹立不倒，聽完之後再針對對方的弱點立時予以反擊。

　　不認輸，是一種態度，自省自問沒差沒錯，就沒有必要屈從於權威，站穩了腳步，等待風雨過後，誰的本事高自然見分曉。

　　面對惡意的批評，你大可以表面上微笑虛心接受，轉過身再嗤笑對方見識不廣，或是靜待謠言不攻自破；你也可以選擇主動出擊，擊潰對方的立基點，讓對方難以自圓其說。

　　大家都知道即便是寫實小說裡面也含有虛構的成分，這個成分來自於作者的想像與借用，目的就在於讓故事內容變得更多采多姿，更豐富生動。

　　美國幽默派作家馬克・吐溫卻遇過一個不愉快的經驗。有一次，一位向來喜歡在雞蛋裡挑骨頭的批評家，公開指責馬克・吐溫說謊，認為他在作品裡面的多處描寫顯然有誤導讀者之嫌。由

於這位批評家在細節的真實性上極度吹毛求疵，因此在當時的文壇引起了不小的波濤，加上他指稱馬克·吐溫說謊的用詞強烈，標題也相當聳動，這件事很快就傳進了馬克·吐溫的耳裡。

馬克·吐溫聽到這件事之後，果然不改其個性，立刻挖苦反擊，他問那人是不是也會說謊，那人當然馬上搖頭否認。

於是，馬克·吐溫便說：「假如你自己不會說謊，也沒有說謊的本事，更沒有一丁點關於說謊的知識，那麼你又如何能夠判斷我是不是在說謊？只有在這方面經驗豐富的人，才能夠這樣明目張膽而且武斷地指控別人，既然你並沒有說謊的經驗，顯然你是一竅不通又硬要充內行的人吧！」

幾句話就把對方評論的可信度極度打壓，如果那位批評家沒有足夠的幽默感，恐怕會氣得一句話也說不出來，氣到吐血也無能為力吧。

用 幽默的方法，說出你的看法

對付敵人並不一定只有硬碰硬一個方法，有時候耍點假動作，再攻對方一個出其不意，反而更有得分的可能性。

在對方發招的時候，沉穩應對；在對方以為攻擊得當的時候，反過來先拆了對方的台，讓對方站不住腳，相信是一種積極卻又不莽撞的戰略。就算對方手執兵器揮劈而來，只要小心蹲下低頭，閃過鋒芒，就有機會反向橫掃對方下盤，讓對方摔個四腳朝天。

馬克‧吐溫便是運用幽默，採取了一個釜底抽薪的方法，先假裝攻擊，質問對方是否說謊，等到對方矢口否認之時，再反過來以專業打擊專業，指出既然不會說謊，又怎麼知道別人說謊。雖然他的話語充滿詭辯，但卻著實破解了危機，成功反擊對手。

燒去敵軍的糧草，截斷後援，便是從根本拔除危機的治本方法。一味和人爭吵得面紅耳赤，不只看起來沒有氣度，更可能被人嗤笑為惱羞成怒，何苦呢？

表現得越冷靜，越有可能找到對方的弱點，甚至利用對手的絕招反擊回去；越能夠找到治敵之方，心底越踏實，表現出來的也就越冷靜。

智慧▶▶語錄

這是戰爭中的一條萬古不易的公理，確保你自己的側翼和後方，而設法迂迴敵人的側翼和後方。

——腓特烈

用幽默的場面話說出真心話

唯有對方敞開了心房，真心話才聽得進去，幾句幽默的場面話，就能夠讓環境的氣氛大大改變。

抬頭仰望星空，你就不會介意腳下的泥濘；凡事先看光明面，就容易對自己產生自信心，也會對事情抱持一定的希望。這些想法都能夠產生新的動力，幫助我們把事情處理得更為順暢。

如果，事情還沒開始做就擔心這個、擔心那個，覺得這種做法有問題，覺得那種做法不可行，等於是還沒起步就先唱衰自己。

或許最後事情仍可完成，但是在進行的過程中必定始終抱持著不安全感，根本不確定自己能不能成功。

過度悲觀，其實是一種自我設限，不只限定了自己前進的腳步，也限定了自我發展的可能性。

把問題放到人際關係上頭，其實道理還是一樣的。我們往往很容易看到對方的缺點，卻很少去注意對方良好的特質，可是一個人不可能一點缺點也沒有，當然也不可能一點優點也沒有。在人與人之間的相處中，多留心對方的優點，其實也是一種良好的情感潤滑劑。

特別是批評與談論的時候，更是要先從好話說起，批判時小

心修飾詞語的運用，對方也就比較能夠接受你的說法。

十六世紀末期，英國有一位精通古希臘文學的學者名叫理查德‧波爾森，在當時的文學評論界享有極高的聲名，有許多文學家、創作者，都希望他能為自己的作品提出一些見解與看法，若能得到波爾森的評論支持，也等於是在該領域裡有了雄厚的靠山。

有一位年輕的詩人，名叫羅伯特‧索錫，也將作品拿來請波爾森指教，想聽聽波爾森對自己的作品有何看法。

波爾森花了一些時間閱讀索錫的作品，雖然索錫是個認真寫作的年輕小伙子，但是他的作品實在難登大雅之堂。於是，當索錫再度前來拜訪的時候，波爾森邀他坐下喝茶，態度懇切地對他說：「你的作品肯定會有人讀的……」

話還沒說完，索錫就忍不住面露得意之色，波爾森接下來繼續說：「只要等到莎士比亞和米爾頓被人遺忘的時候。」

這下子，索錫可有點掛不住面子，但在波爾森的說明之下，他很清楚自己的作品仍有很大的進步空間，便虛心向波爾森請教改進之道。

用 幽默的方法，說出你的看法

如果波爾森並不想幫助索錫，大可對索錫的作品打個中等分數，或說些模稜兩可的話，既不傷人，又不必負責任。

但是，他卻選擇直述索錫的缺點，證明了他其實是誠懇地看待這件事情。再加上他也顧及了說話的技巧，先從好話說起，再提對方的缺點，如此一來便能使人產生「事情並沒有那麼糟糕，一切都還有救」的感覺。

索錫若是真心想讓自己的作品有所進步，就能夠體會到波爾森的用心和做法，進而想辦法加強自己的實力。

好就是好，不好就是不好，其實是很直覺、主觀的判斷，沒有什麼需要掩飾的。但是，透過說話技巧的修飾，我們卻能夠讓勸勉的話聽起來不那麼刺耳，讓批評的話聽起來不那麼傷人，只是就事論事，而非人身攻擊。

萬一不得已必須提出批評時，不妨先試著說些幽默的場面話，緩和一下氣氛，千萬要記住成功學大師戴爾‧卡耐基的叮嚀：「先讚賞之後再批評，會讓別人的心理好受一點。」

場面話，聽起來有點虛假，卻能夠拉近彼此的距離，有了攀談的媒介與開頭。唯有對方敞開了心房，真心話才聽得進去，幾句幽默的場面話，就能夠讓環境的氣氛大大改變。

選擇從光明面出發，往往能收得正面加乘的效果。

 智慧 ▶ 語 錄

注意別人的缺點，那你就會處處碰到敵人，把自己陷入孤立無援的灰暗之中去。　　——羅蘭

用幽默的口吻表達自己的信心

以幽默的口吻突顯自我的風範。一個人的氣度來自於自我的表現，對自己有信心，對工作有熱情，生命的光芒便永不熄滅。

雖然我們可能常抱怨工作佔據了我們太多的時間，耗費掉太多的精力，但是想像一下，如果真的有一天我們什麼事都不必做，也什麼都不能做，其實那樣的生活不見得是我們想要的。

工作，不只讓我們以勞力與智力換取維生的報酬，也提供我們一塊揮灑自我、尋求認同的園地。

找尋到一項自己喜愛的工作，進而發展成自我成就的事業，相信是每個人企求的一種想望，也是每個人生命的另一種進程。

有些人怕老，有些人怕死，有些人卻有著對事業的熱情，老死不亂於心。

美國科學家愛迪生，一生中發明了無數的器具與用品，其中最著名的就是電燈泡與留聲機，為人類的生活提供了更多的便利與舒適，也影響日後的無數發明。

當然，愛迪生的發明並非每一項都極有用處，也不見得每一種都受人重視，但是這些都影響不了他持續創作發明的行動，因

為創作與發明正是他個人的興趣所在，也是他一生的熱情發光發熱的出口。

愛迪生到了七十五歲高齡時仍然每天到實驗室上班。

有位記者在訪問他的過程中，也提及了這個問題，好奇地問：「愛迪生先生，請問你打算什麼時候退休？」

愛迪生聽了，笑了笑，接著露出一副為難的樣子說：「真糟糕，我活到這個年歲還沒來得及考慮這件事呢！」

用 幽默的方法，說出你的看法

對於愛迪生來說，工作不只是在工作，而是在做自己喜歡做的事，是在進行對自我的挑戰。

保持對工作的熱情，不只會在工作場合上表現更好，也將活得更快樂。

每一天都是可以發揮自我的時刻，每一項工作的完成都有著

自我成就的價值，能夠這麼想，工作還會是一種枷鎖嗎？事業還會是一種束縛嗎？學會享受工作，就不會留心工作時的辛苦，而能夠真正採擷到豐收的果實。

有些人非常介意年紀，害怕有人說他年老，這是因為他們將年老與不中用扯上了關係。其實，年紀和能力並沒有太大的關聯，因為年輕人有年輕人該做的事，老年人有老年人能夠揮灑的天空，只要你還能動，你就能夠在自己的能力範圍裡找到你能做得很好的事情。

像愛迪生被記者突如其來提及的年紀問題，不管記者是有心還是無意，他都沒有像一般老人對這件事情產生不悅，抑或勃然大怒，反而以幽默的口吻表達出自己對事業的專注與盡心，突顯了自我的風範。

一個人的氣度來自於自我的表現，對自己有信心，對工作有熱情，生命的光芒便永不熄滅。

智慧▶語錄

我以皺紋為榮，視之為不凡的勳章。皺紋是我辛苦賺來的。
——瑪姬·庫恩

與其亂拍馬屁，不如鞏固實力

阿諛奉承的話語，雖然有一定的效果，但卻不是萬無一失的策略，以好的內涵留住人心，才有真正的意義。

　　拍馬屁，是使自己能夠順利行事的一種手段。每個人多少都愛聽好話，喜歡被人稱讚，樂於受人喜愛，因此，適時適當的溢美之辭，往往會有事半功倍的效果，得以使事情進行得益發順暢。

　　可是，拍馬屁之前，一定要先做功課，最重要的是，馬屁得要輕輕拍，看準了再拍，拍得恰到好處，否則一掌拍到馬腿上，小心馬兒吃痛憤而回敬一腿旋空踢，那可就吃力不討好了。

　　印度文豪泰戈爾有一次接到一女士的來信，信上通篇表達了對泰戈爾的喜愛與敬仰，信末更寫道：「您實在是我最敬慕的作家，為了表示我對您的敬仰，打算用您的名字來為我心愛的哈巴狗命名。」

　　泰戈爾後來回了一封信給這位女士，在信　上註明：「我同意您的打算，不過在命名之　前，妳最好和哈巴狗商量一下，看牠是否同　意。」

　　這名女士的動機顯然並不是想要羞辱泰戈爾，而是真的敬好

他的文名，希望能與他常伴左右，進而移情於自己鍾愛的小狗。

泰戈爾當然也猜得出女士的心意，只是聽到自己與狗同名，被呼來喚去，或許並不是那麼令人愉悅的一件事，而且，要為自己的狗取什麼名字是主人的權利，泰戈爾同不同意似乎也不具任何意義。

泰戈爾的名氣隨著他獲得諾貝爾獎而日漸高升，喜愛他的作品的人也越來越多，無形中想要與他攀親帶故，進而獲得既定利益的人也漸漸增加，當然拍他馬屁的人也為數不少。

馬屁聽多了，原本的虛榮感漸漸消失，取而代之的變成一種心虛與不耐，更會對馬屁背後的動機與目的感到質疑與不屑，甚至毫無感覺。

然而，泰戈爾的氣度與修養令他不至於口出惡言表達自己的不滿，反倒是以幽默的語氣，幽自己一默，也彰顯自己對於這項莫名請求的無奈心情。

用 幽默的方法，說出你的看法

阿諛奉承的話語，雖然有一定的效果，但卻不是萬無一失的

策略；最重要的是，如果只有甜味而無養分，終究不是能夠填飽肚皮的食物，當你真正肚子餓的時候，你是不會選擇以糖果來充飢的。

以商業行為來說，拍馬屁就像是一項引起他人興趣的旗幟，等到客戶上門了，如何以好的方案、好的品質、好的內涵留住顧客的心，才是真正的實力，也才有真正的意義。

因為，光是好聽話，聽多了，往往容易讓人感到厭煩；再好吃的糖果甜點，吃久了也會覺得膩人。

智慧▶▶語錄

我們總是愛那些讚揚我們的人，而不愛為我們讚揚的人。

——蕭伯納

用幽默創造出其不意的效果

 不管是什麼樣的境況，都要在幽默與創意的推波助瀾之下，順時順勢為自己謀得成功的契機。

　　有人做過實驗，找個人在大馬路上抬頭向上看，經過他的人必定也會跟著抬頭。這是因為受到好奇心的驅使，人一旦發現了不合常理的現象，就會忍不住想要跟著一探究竟。

　　從這樣的現象來看，我們可以從中發現一些效果奇佳、出奇制勝的好策略。

　　二十世紀初，美國有一位五星上將名為卡特利特‧馬歇爾，年輕的時候曾經有過一段令人稱道的小趣聞。

　　當時，他在軍隊的駐紮地參加一個酒會，在宴會上遇見一位美麗的小姐，兩人相談甚歡。宴會結束之後，他立刻自告奮勇地表示要送小姐回家，而那位小姐也點頭答應了。

　　上了車，小姐說出地址，馬歇爾立刻表示他知道那個地方，油門一踩，車子開動，兩人有說有笑地繼續方才的話題，一個多小時後才將小姐順利送回家門。

　　其實，這位小姐的住處就在離宴會地點不遠的地方，約莫兩

三條街的距離，但是這麼短的路程，馬歇爾卻足足開了一個多小時。

下車前，小姐終於忍不住地問道：「我想您大概是才剛到這裡不久吧？因為您好像不太認識路似的。」

馬歇爾聽了，卻微笑地說：「我可不這麼認為，如果我不認識路的話，又怎麼能夠連續開了一個多小時，卻一次也沒有經過妳家門口呢？」

後來，這位小姐成為了馬歇爾夫人。

用幽默的方法，說出你的看法

馬歇爾之所以能成功地引起小姐的注意，並且進一步贏得了芳心，這些都歸功於他的故意與幽默。

如果他只是如一般人的預期，中規中矩地送小姐回家，短短的幾分鐘時間，顯然不一定能讓小姐留下深刻的印象。但是，他卻故意繞遠路，藉以拉長彼此相處的時間，目的就在於讓小姐有更多了解

他、認識他的機會。

　　最後，他又聰明地表示自己並非愚傻或不認識路，以幽默的話語成功地讓小姐印象深刻，在忍不住笑了出來的時候，心裡也對馬歇爾靈活的反應有了更多的好感，更為馬歇爾的用心而感到貼心。

　　按部就班地依照既定道路前進，只要夠堅持，成功是可以預期的。然而，反其道而行，有時更能收得其不意的效果，在設想不到的地方出擊，得到創意的助力，或許更能不費吹灰之力得到成功。

　　在立足點相同的競賽之中，如何突顯自己的優點，是最重要的關鍵；在處於劣勢的競賽之中，想要破局而出，就要找尋最容易突破的障礙，磨利最精銳的武器，為自己爭取更多發揮的空間。

　　不管是什麼樣的境況，都要在幽默與創意的推波助瀾之下，順時順勢為自己謀得成功的契機。

智慧 ▶ 語 錄

　　想出新辦法的人，在他的辦法還沒有成功以前，人家總說他是異想天開。　　　　　　　　——馬克·吐溫

言談風趣，就能釋出善意

拿自己開玩笑的時候，運用幽默的語言，表現出來的便是親和力和釋放善意，可以為未來的人際關係打下基礎。

發生錯誤在所難免，每個人都有可能犯錯，重要的差別在於能不能坦然面對自己所犯下的錯誤。

有道是「不貴於無過，而貴於能改過」，與其追求毫無過錯的人生，倒不如花點心思檢討自己犯下的過錯，認真地改過。

在物理學界有傑出貢獻的科學家愛因斯坦，曾經受邀到普林斯頓大學任教。

當他抵達學校研究室的那天，一名人員詢問他是否需要增添什麼用具。

愛因斯坦隨意環顧了一下，便回答：「我想想看，請你給我一張書桌或工作檯，一把椅子和一些紙張鉛筆就行了。」

人員聽了立刻點頭表示會儘快為他準備，就在人員打算離去的時候，愛因斯坦突然喊住他的腳步，說道：「對了，麻煩你再給我一個廢紙簍，要大一點的。」

那個人有點好奇地問道：「為什麼要大的？」

愛因斯坦接口說：「好讓我把所有的錯誤都丟進去。」

用幽默的方法，說出你的看法

愛因斯坦剛剛來到一個
新環境，盛名之下難免會讓
人產生距離感。當他拿自己
開玩笑的時候，運用幽默的
語言，表現出來的便是親和
力和釋放善意，一方面可以
令接洽的人員放鬆心情，一方面也為未來的人際關係打下基礎。

　　能夠承認自己錯誤的人，才是真正明白自己能力所在的人。
明白自己的能力和極限，行事便更懂得量力而為，因時制宜，犯
錯的機率也就能相對地減少。

　　此外，對自我的了解也有助於與他人關係的和諧，藉由承認
自己的錯誤可以突顯我們人性化的特質，增加對方對我們的親切
感，減低對方抗拒心，在幽默風趣的言談氣氛中，也無形地拉近
彼此的距離。

　　所以，不要害怕犯錯，而是要下定決心去省思並立時改過。
能夠坦然面對自己的錯誤，就知道該從何改起，求新求變求進步
都是成功的一大步。

智慧▶▶語錄

　　最大的錯誤，就是不自覺自己犯了什麼錯。

　　　　　　　　　　　　　　　　——湯瑪斯·卡萊爾

找對管道，才能創造績效

想要成功，就要先去尋求各種應變與解決的方案，評估每一項的可行性和績效，才能做出明確的決策。

有些事情看起來雖然困難，但是只要能下定決心去執行，運作起來並不一定如想像中困難，反而會因為每一個環節的接軌流暢，使事情進行得越來越順利，也越來越容易。

或許，我們可以這麼說，世界上沒有一件困難到無法完成的事情，只是我們還沒找到完成的方法罷了。

為人處世要懂得運用方法，只要應用得當，往往可以收得事半功倍的成效。處理事情的方法絕對不只有一種，有的費事不費力，有的費力不費事，有的以時間換取金錢或空間，有的為講求時效得以金錢換取時間。沒有一種絕對有效，也沒有一種絕對無效，有效與無效的定義，端看你的需求以及你如何運用。

據說世界知名的科學家愛因斯坦，有一次接到一位女性朋友的來電，兩人在電話中相談甚歡，末了，那位女士要求愛因斯坦將她的電話號碼抄錄下來，以便日後能夠經常聯絡，互通電話。

那位女士說自己的電話號碼不太容易記，請愛因斯坦找來紙

筆，以免等一下忘記了。

愛因斯坦倒是
一派輕鬆地說：
「妳講，我在
聽。」並沒有
費事起身去找
紙筆。

女士說：
「你聽好囉，
我的電話是二
四三六一。」

愛因斯坦聽

了回答：「我記住了，這有什麼難的？兩打和十九的平方，我怎麼可能會忘記呢？」

用 幽默的方法，說出你的看法

對故事中的女士而言，二四三六一是一組毫無關連的數字，想要記住這組數字，就必須強迫自己去硬背。反過來，愛因斯坦卻將數字拆解，利用自己對數學的敏感，形成兩組有意義的數字組合，只要運用聯想的方法，就可以輕鬆記住，省事又省力。

同樣的，有些人背詩詞的時候會配上曲調來詠唱，有的人會以諧音來記憶特別的公式等等，都是相同的道理。

這麼做的目的就在於讓原本毫無關係的事情，產生足以相連

結的關連，藉以讓思緒有了相通的管道，更能幫助理解與記憶。

很多事情看起來似乎成效不彰，其實有兩個可能，一個是時機未到，一個是方法差誤，前者需要更有耐心，後者則須要有更明快的決斷力與觀察力。

想要成功，就要先去尋求各種應變與解決的方案，評估每一項的可行性和績效，才能做出明確的決策。

任何事情，只要選對了方法，一步一步積極地去執行與運作，就自然而然能夠展現出設想的成果。

智慧 ▶▶ 語 錄

我們不需要死記硬背，但是我們需要運用基本事實的知識來發展和增進每個人的思考力。 ——列寧

Chapter 7

裝傻，也是一種
應變的方法

裝傻是一種應變的高招，能為我們爭取機會，

遇到麻煩的事，與其對著對方大吼大叫，

不如將身段放軟。

裝傻，也是一種應變的方法

裝傻是一種應變的高招，能為我們爭取機會，
遇到麻煩的事，與其對著對方大吼大叫，不如
將身段放軟。

現實生活中，有的人不管走到哪裡都受人歡迎，做起事來左右逢源，即使遭遇困境也能化險為夷。有的人卻恰好相反，無論走到哪裡都寸步難行，不管做什麼事都處處碰壁。

其實，造成兩者天壤之別的原因，就在於前者懂得應變的藝術。

警察在海邊抓到一個偷捕龍蝦的男子，準備依法予以罰款懲戒。

男子：「你說啥？我是犯什麼法啊？這兩隻龍蝦是我的寵物，我只是帶牠們出來散步而已！」

警察：「我聽你在胡扯！」

男子：「真的啦！牠們超愛衝到海裡游泳的，而且牠們很聽話，只要我一吹口哨，就會游回來！」

警察：「真有這種事？」

男子：「當然是真的，我騙你幹嘛？如果我沒辦法把牠們叫

回來，就表示牠們不是我的寵物！」

警察：「好！這是你說的！我倒要瞧瞧！」

於是，男子把手上兩隻龍蝦拋到海浪裡。

警察：「好，我看你怎麼把你的寵物龍蝦叫回來，快叫啊！」

男子：「啊？龍蝦？什麼龍蝦？」

用 幽默的方法，說出你的看法

有些人很會裝傻，其實背後也許正在算計著什麼，讓人一方面覺得可笑，另一方面卻已經不自覺地步入了圈套。

正因為我們太過相信自己的理智，認定對方在胡說八道，在我們極力想要揭穿他們的同時，卻已經不小心踏入陷阱。

不要只留心那些對我們怒目相向的敵人，他們的敵意雖然濃烈，但至少我們還算清楚他們的想法。最需要注意的是那些對著我們裝傻、嬉皮笑臉的人，他們腦子裡打的主意，可能我們連想都想不到。

另一方面，我們也應該了解，裝傻是一種應變的高招，不但能為我們爭取機會，更能將我們放在一個比對方還要低的位置，降低他們的戒心，減輕他們對我們的敵意。遇到麻煩的事，與其對著對方大吼大叫，不如將身段放軟，順便測試一下對方的底限在哪裡。

當然，一味裝傻只是黔驢之技，在裝傻的同時，必須好好思考下一步應該怎麼做，最後才有可能達到目的。

越無聊的人，越喜歡爆料

聰明的人都懂得要約束自己的嘴巴。因為，別人不見得想要知道你那些私密心事，也不是所有話都能輕易向他人吐露。

這個時代流行「遛鳥俠」與「自拍女」，喜歡曝露身體給別人看，從中得到樂趣的人，我們叫他「曝露狂」；那麼，喜歡用言語把自己的私事說給他人知道的，或許也是一種心理上的「自曝狂」吧！

有一對夫妻在馬路上開車超速，結果被交通警察攔阻下來。

丈夫一臉莫名其妙地問：「警察先生，有什麼問題嗎？」

警察說：「這條馬路限速五十五公里，可是你的時速已經七十五了。」

丈夫急忙解釋：「警察先生，沒有那麼快啦！我只開到六十五！」

此時，一旁的老婆看著他說：「老公！你明明開到八十公里呀！」

老公聽了立刻瞪了他老婆一眼。

警察又說：「還有，你的後車燈也壞了，這也要罰款。」

丈夫：「後車燈？我不知道後車燈壞了！」

在一旁的老婆又說：「老公，你明明在前兩個禮拜就知道了啊！」

老公聽了之後又狠狠瞪了他老婆一眼。

警察又指出：「除此之外，你因為沒有綁安全帶，所以也要開罰單。」

丈夫趕緊解釋：「你剛剛把我攔下來，我停在路邊後才拿下安全帶的。」

此時老婆又插嘴：「老公，可是你從來都不綁安全帶的啊！」

眼見謊言一一被拆穿，老公終於忍不住了，生氣地對老婆開罵：「給我閉上妳的鳥嘴！」

警察見狀，於是好奇地問坐在一旁的老婆：「這位太太，妳老公平時都用這種態度對妳講話嗎？」

只見老婆害羞地說：「不會啊！他平時對我好溫柔喔！只有在喝醉的時候才會對我這樣子！」

用 幽默的方法，說出你的看法

有句諺語是這樣說的：「長舌婦愛說別人，無聊的人愛談自己，無話不說的人愛談『你』。」

或許，在我們的周遭，並沒有那麼多喜歡在公共場合裸露身體的曝露狂，不過，卻有不少心理上的「自曝狂」。殊不見，許多人像故事裡的老婆一樣，該閉嘴的時候不閉嘴，反而用言語將自家那些私密，不該公諸於世的事情，滔滔不絕地說給別人聽。

　　就像這句諺語所說的，許多喜歡「爆自己料」的人，可能真的太「無聊」了，只懂得「說自己」，完全不考慮是否恰當適合。

　　事實上，真正聰明的人都懂得要約束自己的嘴巴，因為他們明白，別人不見得想要知道自己的陳年舊聞與私密心事，也不是所有話都能輕易向他人吐露的，誰知道哪天別人不會利用你爆出來的料，回過頭補你一刀？

　　千萬記住：若是不知何時該閉嘴，總有一天會為自己找來許多麻煩！聰明人還是要懂得「閉嘴的藝術」才是。

開別人的玩笑，適度就好

 無傷大雅的玩笑雖然能夠帶來樂趣，但要是玩笑開過頭，除了傷人，連帶的還會讓旁人對你產生不佳的評價。

　　虛偽應景的假話，通常是無關痛癢、敷衍應付，而棉裡藏針的真話雖然是一針見血，卻也往往傷人最深。

　　儘管許多一針見血的真話，都透過諷刺的玩笑展現，但是，要開別人玩笑，也要懂得適可而止。

　　要是玩笑開過頭，可得小心別人惱羞成怒，把你當成陰險的小人。

　　明代的幽默文人徐文長因為精通詩文書畫，聲名遠播。有個財主想要借徐文長的名氣抬高自己的身價，便出高價請他為自己題塊匾額。

　　徐文長從來不喜歡和那些豪門財主打交道，但是見到這個財主財大氣粗的模樣，竟破例答應下來，在匾額上寫下了「竹苞」兩個字。

　　財主得此墨寶，高興得不得了，立刻請人把匾額刻好，掛在家裡的大廳上。來拜訪他的親朋好友見到了，紛紛流露出羨慕的

眼神，稱讚道：「徐文長的字果然名不虛傳，聽說他可不隨便露一手的，若非他真的敬重您的為人，又怎麼會答應替您寫字呢？」

這番話聽得財主心花怒放，笑得合不攏嘴。

此時，一名窮書生打從門口經過，聽見這段對話，抬頭看了看這塊匾額之後，不禁悻悻然地冷笑起來。

眾人覺得很好奇，於是問他在笑什麼？

窮書生冷冷的回答說：「『竹苞』這兩個字，拆開來就是『個個草包』，你們說好笑不好笑？」

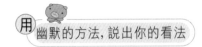
用 幽默的方法，說出你的看法

俗話說：「寧可失信於君子，也不能得罪於小人。」

面對目中無人的人，你越是需要小心應對，因為這種人通常也是十足的小人，他若對你有所不滿，不會正大光明的跟你「嗆聲」，而是會暗地裡捅你一刀。故事中的徐文長，多半就帶有這類「小人」性格，不光明正大地拒絕，反倒笑裡藏刀地捉弄，雖說是一時興起的惡作劇，但卻徹底讓對方顏面無光。

在日常生活當中，你是不是也常會想要對他人開些小玩笑，調劑一下生活呢？當然，無傷大雅的惡作劇的確能為貧乏的生活帶來一些小小樂趣，但小心玩笑開過頭，不僅會造成對方不可預期的傷害，連帶的，旁人也會因為這種惡質的玩笑，而對你產生不佳的評價。

別讓假象掩蓋了真相

 謊言只能建立在欺騙之上，或許可以營造一時的假象，但不能長久，也不能改變什麼，更無法帶來真正的成效。

在我們的生活周遭，有許多名不副實、招搖撞騙的人事物，騙術之高，往往唬得人一愣一愣的。因此，對於「真」與「假」的判定，也逐漸讓越來越多人感到無所適從。遇見這種欺世盜名的騙子，如果你看不下去，想不動聲色地拆穿他們，那就考驗你的智慧了。

義大利著名的歌劇作曲家羅西尼，對自己的創作十分認真嚴謹，非常注意獨創性，對那些模仿、抄襲行為深惡痛絕。

有一次，一位作曲家發表自己的新作，特意請羅西尼前去聆聽。羅西尼坐在前排，興致勃勃地聽著，開始聽得很入神，接著表現得有點不安，再接著臉上竟現出不悅的神色。

作曲家繼續演奏下去，誰知羅西尼卻邊聽邊頻繁地把帽子脫下又戴上，接連脫戴了帶好幾次……

那位作曲家終於注意到羅西尼的怪異舉動，不禁問他：「這裡的演出條件不好，是不是太熱了？」

「不，」羅西尼回答說，「我有一見熟人就脫帽的習慣，在閣下的曲子裡，我碰到那麼多熟人，不得不頻頻脫帽了。」

用 幽默的方法，說出你的看法

說來，在我們生活周遭，像這樣「與事實不符」的例子絕對不在少數，每次總是鬧得沸沸揚揚。

我們可以想像，在一個社會秩序差、人民道德素養偏低的國家，招搖撞騙之徒勢必猖獗；這些人往往打著誇大不實的名號，做一些不該做，或是根本就在他能力之外的事情。

大眾沒有辦法揭穿這些「名實不符」的騙局，因為許多高明的欺騙往往與權力分不開。一旦騙徒掌握了權力進行「洗腦」，即使有一兩位有識之士膽敢揭穿，最後通常也敵不過權勢和迷思的力量。於是，許多無知的人仍然將虛言當做事實，繼續相信那些騙徒的謊話。

德國文豪海涅曾說：「生命不可能從謊言中開出燦爛的鮮花。」

謊言只能建立在欺騙之上，或許可以營造一時的假象，但不能長久，也不能改變什麼，更無法帶來真正的成效。

如果一個人只會動嘴巴，卻拿不出實際的成果，那麼我們應該能夠很清楚地知道，什麼是真的，什麼又是假的了！

把話說得「好聽又不跳針」

如果你不懂得把話說得「好聽又不會跳針」，那可能就要真的有百分之兩百的實力加上運氣，才能夠在社會上出頭！

法國作家拉美特利曾在書中寫道：「過分的謙虛，是對自然的忘恩負義。相反的，誠摯的自負卻象徵著一個美好的偉大心靈。」

不過，想自抬身價的時候，記得要先搞清楚狀況，弄明白面前這個準備被你唬弄的人究竟有幾斤幾兩重？

一位剛剛榮升的上校到前線去，視察他將要接管的部隊。

這位上校走到隊列中一位有點羞澀的士兵面前時停了下來，說道：「年輕人，頭抬高點，即使在大人物面前也要挺起胸來。讓我們握握手，你可以寫信告訴家人，說你跟上校握過手了，他們一定會為此感到驕傲的！告訴我，年輕人，你爸爸是做什麼的？」

這位士兵答道：「報告長官，我爸爸是將軍。」

用 幽默的方法,說出你的看法

「班門弄斧」的故事想必大家都聽過,在將軍的兒子面前耍上校的威風,在比爾蓋茲的老婆面前誇耀自己老公很有錢,這都是絕對要避免的。要不然,就要準備找個洞給自己鑽,因為實在太丟臉了!

一位漂亮女郎在拒絕了一名男子的求婚後,安慰他說:「不過,你不必太過悲傷,我會永遠欣賞你的好眼光。」

這位美女顯然對自己深具信心,讓人搞不清楚她到底是在誇獎這位被她拒絕的男子,還是在誇獎自己?

但是,這一招「自抬身價」我們卻不得不學呢!因為,如今每個人都在做這件事,如果你不懂得把話說得「好聽又不會跳針」,那可能就要真的有百分之兩百的實力加上運氣,才能夠在社會上出頭!

別忘了,「不需要自我宣傳」的人是很稀有的,成功者所謂的「我一向害羞,不會推銷自己……」之類的話,都只能僅供參考。因為,不是每個人都有那種能力與運氣,萬一資質與能力都很平庸,卻還相信這種話,那麼想要出頭天,就需要老天保佑啦!

讓自負的人看清自己的德行

覺得他人想法永遠一無是處的人,事實上卻是
最不具智慧的人。想讓這樣的人看清自己的嘴
臉,就得發揮「罵人不帶髒字」的藝術。

法國物理哲學家帕斯卡曾經說過這麼一句很有意思的話,他
說:「一個人的理解力越強,就越能發現別人的新穎獨到之處;
普通人則找不出人與人之間的任何差別。」

這句話或許有些難以瞭解,不過,如果用自己擅長的領域來
比喻,大概就能夠瞭解它的意思了。

熟悉流行音樂的人,一定能夠分辨出某一首歌,主唱者究竟
是誰;一個瞭解繪畫的人,也能夠分辨出一幅圖畫的畫風如何。
即使某些歌、某些畫,在普通人眼中「聽起來都一樣」、「看起
來都一樣」,但這些人就是具備了「分辨」的能力。

同樣的,一個對於人的智慧有高度領悟與瞭解的人,也同樣
能在日常生活中,別人沒有察覺的地方,發現一些「妙人妙思」。

這天,一名心理學教授來到瘋人院參觀,想要瞭解瘋子的生
活狀態。

一天觀察下來,他發現這些人瘋瘋癲癲,行事出人意料,可

算大開眼界。

想不到當教授準備回家時，卻發現自己的車胎被人偷走了。

「不知道是哪個瘋子幹的！」教授一邊忿忿不平地罵道，一邊動手拿出備胎準備裝上。

但在這時候，他發現了一個嚴重的問題。偷走車胎的人居然將四枚螺絲都取走了，沒有螺絲，光有備胎也裝不上不去啊！

這下子，教授真的一籌莫展了。

正在他著急萬分的時候，一個瘋子蹦蹦跳跳地走過來，嘴裡還哼著不知名的調子。他發現了陷入困境中的教授，於是停下來問發生了什麼事。

教授原本懶得理他，但瘋子一臉很有興趣的樣子，教授出於禮貌，還是告訴他事情的始末。

這瘋子聽了，立刻哈哈大笑地說：「我有辦法！」

只見他從沒有被偷走的其他三個車胎上面，各拆下一枚螺絲，用這三顆螺絲順利將備胎裝了上去。

教授驚異、感激之餘，心裡十分好奇，不禁問道：「請問，你是怎麼想到這個辦法的？」

瘋子嘻嘻哈哈地笑道：「我是瘋子，但我可不是呆子啊！」

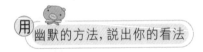

好一句「我是瘋子，我可不是呆子」！

相信這位被「瘋子」嘲弄的教授，從此以後一定會徹底改變自己對於人的看法了。

　　認爲自己最聰明優秀，覺得他人想法永遠一無是處的人，事實上卻是最不具智慧的人。因爲，無法察覺別人的「新穎獨到」，正表示他對於人類的智慧與才能，不具有很好的分辨能力。

　　想讓這樣的人看清自己的嘴臉，就得發揮「罵人不帶髒字」的藝術。

　　相對的，也要時時提醒自己，如果我們能用一顆謙虛、開放的心靈，用心發掘他人的好，以及他人的聰明智慧，虛心向他人學習，不也能讓自己的智慧在無形中獲得新的進步，永遠不乾涸嗎？

用智慧看穿他人的用意

智慧是一種不受他人影響、能夠獨立思考的能力；唯有帶著智慧，我們才能看清楚黑暗中的陰影。

很多時候，許多「好意」的想法，會以「說服」的面貌出現，企圖灌輸我們某種想法與某種價值觀，一旦沒有思考清楚便貿然接受，就會掉進它的陷阱當中而不自覺！

俄國十月革命剛剛勝利之時，象徵沙皇統治的克里姆林宮被共產黨軍隊攻佔。當時，有些農民們高舉著火把，試圖點燃這座舉世聞名的建築，讓它付之一炬，以洩心中對沙皇的仇恨。儘管不斷有士兵出來勸說，但無濟於事。

列寧立即趕到現場，面對著義憤填膺的農民，同懇切地說：「各位農民兄弟們，克里姆林宮當然可以燒。但在點燃它之前，我有幾句話要說。」

農民們聽到列寧並不反對他們燒皇宮，立即答道：「你快說吧。」

列寧問：「請問克里姆林宮原來住的是誰？」

「是沙皇。」農民們大聲地回答。

列寧又問：「那它又是誰修建起來的？」

農民們堅定地說：「是我們人民群眾。」

「既然是我們人民修建的，就讓我們的人民代表進去住，你們說可不可以？」

農民們點點頭。列寧再問：「那還要燒嗎？」

「不燒了！」農民們齊聲答道。

皇宮終於保住了。

用　幽默的方法，說出你的看法

只要冷靜觀察，我們就能發現：世上具有高度影響力的人，不論是好是壞，是智者或是惡徒，必定希望群眾相信他們的那一套邏輯思維。

因為越多人「相信那一套」，他的力量才會越大。

善是如此，惡更是如此。

有句諺語說：「智慧是一把劍，它能劈開真實與謊言。」

確實，智慧是一種不受他人影響、能夠獨立思考的能力；唯有帶著智慧，我們才能看清楚黑暗中的陰影。

也就是說，每個人都必須靠自己的力量得到以下的結論：什麼對我們是真正好的？什麼是對的？什麼才是公平的、正義的？

如果選民沒有智慧，那麼，民主制度也只會成為「強人政治」與「獨裁政治」；如果信徒沒有智慧，那麼宗教只會成為圖利個人的異端邪說；如果一個社會當中的人都欠缺智慧，那麼這個社會就只能向下沉淪了！

懂得包裝，更能擄獲人心

 死心塌地只固執堅守著一種說法的人，或許應該學習換另一種說法，聽起來的感覺就有所不同了。

同樣一件事，因為敘述的方式不同，因為我們賦予它的「包裝」不同，就會給予人不同的觀感，這是很重要的。

當你發現自己的說法或是做法，沒有想像中的那樣受到歡迎與肯定的時候，就應該調整一下做事的態度，同時改變一下「包裝」方式。

有兩個神學院學生在討論看法典時是否能抽菸這個問題。後來，他們乾脆找神父評理，認為不能抽菸的那位學生說：「神父，看法典時能抽菸嗎？」

神父嚴肅地說：「當然不能！」

認為可以抽菸的學生馬上問：「那抽菸時看法典行嗎？」

「那沒問題。」神父回答。

　　這個笑話讓我們知道，原來，只要我們懂得如何「換一個說法」，就連教授也會被「矇」過去。

　　所以囉，死心塌地只固執堅守著一種說法的人，或許應該學習一下第二位學生的聰明，他不過把第一位同學的問題換了另一種說法，聽起來的感覺就有所不同了。

　　不要說什麼「外表不重要」、「包裝不重要」、「我們靠的是實力」……等等。

　　在現在這個講究包裝與行銷的時代，如果能夠為產品或服務穿上一層更吸引人的外衣，絕對不是一件壞事，說話辦事也是如此，不是嗎？

懂得感謝，讓你更知足

要常懷感謝的心。即使遇到對你不好的人，也要懂得心存感激，抱持著「幸好只是這樣」的心態來看待。

　　每個人都會有埋怨命運的時候，古希臘劇作家歐里庇得斯提醒我們：「向命運叫罵又有什麼用呢？命運是個聾子。」

　　命運不是機遇，而是一種選擇，因此，遭遇厄運的時候，不用呼天搶地、悲傷欲絕，這一切難道不是自己選擇的結果？

　　該你的，就是你的，無論好事還是壞事，只要是註定發生在你身上的事，怎麼逃避也沒有用！沒有人可以代替你遭受磨難，就像是肚子餓了，沒有人能代替你吃飽一樣。

　　在黑社會中，每個幫派都免不了和別的幫派結仇。

　　一次，某幫派老大為了怕遭到仇家尋仇，便想出了一個好辦法，命令自己的小弟假裝成老大，自己則在一旁充當小弟。

　　坐車時，假老大也代替真的老大坐在後座裡，假裝成小弟的真老大則坐在前座開車，果然不出他所料，尋仇的殺手終於來了……。

　　然而，那殺手卻不知吃錯什麼藥，竟不向「老大」下手，只

是把開車的人的手砍斷，並且撂下狠話說：「給我小心點！下次就不只這樣了！」

用幽默的方法，說出你的看法

是福是禍躲不過，與其費盡心思逃避禍端，不如努力廣結善緣，從現在開始努力對人家好。

並且，要常懷感謝的心。即使遇到對你不好的人，說話也要留點口德，抱持著「幸好只是這樣」的心態來看待。

因為，懷抱著一顆感恩的心，會讓你更能心平氣和的面對一切。

遇見好事，不至於驕矜自大、志得意滿；而當遇到有壞事發生在自己身上，對於眼前遭受的痛苦，也更能坦然面對，不會放大自己的難過，而忘了可能還有其他人比你更痛苦！

如果你肯用一顆充滿善良、感激的心去對待這個世界，這個世界也同樣會用善良的心來對待你。

Chapter 8

幽默的態度
表達自己的堅持

採用幽默的手法，把場面的氣氛先設定好，

找出一個彼此都可以接受的談判結果，

否則你來我往的鬥智，仍得持續下去。

用巧妙的比喻達到說服的目的

如果我們能夠充實統整更多知識與資訊，不只
我們的談吐將更具深度，應對進退也將更有依
據。

　　由於種種知識的累積，使得我們面對生活變數產生了各種應
變的能力。

　　透過知識，我們知道如何把自己的生活照顧好，知道如何在
工作上有所成效，知道如何拓展人際關係，更知道如何讓每一天
的生活更便利、更和諧、更有價值，也更有意義。

　　自古到今，多少成功人士將他們的經驗傳承下來，警惕我們
不要重蹈覆轍，指引我們成功的路徑，提醒我們如何修正偏差的
腳步。

　　這些老生常談的話語聽起來似乎老套八股，但是仔細思考其
中意涵，卻發現其實那些原則都可以有新的發現，賦予新的意義。
當知識累積得越多，從古人經驗借力使力的技巧也就更加應用自
如。

　　幽默大師馬克・吐溫，一向以機智過人、說話得理不饒人聞
名。他之所以可以獲得譏諷大師的稱號，就是在於他的反應比別

人快，而學識又比別人
豐富，談起話來，總是
令人防不勝防，若是被
他抓到把柄就吃不完兜
著走了。

　　有一次他與一位摩
門教徒展開一場爭辯。
摩門教是基督教中的一
個教派，主張一夫多
妻，共同生活，兩人正
為了摩門教義中的一夫
多妻問題辯得不可開交。

　　辯到最後，那位摩門教徒生氣地說：「你能在《聖經》中找
到任何一句禁止一夫多妻的話嗎？」

　　馬克‧吐溫毫不遲疑地回答：「當然可以，《馬太福音》第
六章第二十四節說：『誰也不許侍奉二主』。」

　　摩門教徒聽了只能啞口無言。

用**幽默的方法，說出你的看法**

　　說明事理的時候，運用巧妙比喻往往可以達到良好的效果，
就好像古代的神話、寓言、童話……等等，就是運用這種技巧和
手法，將教條式的教訓融合在故事當中，以達到潛移默化的成效。
而引經據典，更是提出具體的事例來成功達到說服的目的。

摩門教徒在提出問題的時候，就是想拿《聖經》當依據，以為自己的行為找到可以依循的證據，但是馬克‧吐溫卻反應更快一著，當下提出反證，反將了對方一軍。如果那位摩門教徒將《馬太福音》背得很熟，當然無法對馬克‧吐溫的說法提出辯駁；假使這位摩門教徒並不十分確定《聖經》裡面是否真有這一條教義，那麼他也不敢真的質疑馬克‧吐溫果決且肯定的說詞。

經典的內容或許並不一定全都符合時代的潮流與演進，但經典之所以能成為經典，必定經過無數人無數時空的檢證，也必定有存在的價值與意義。

如果我們能夠充實統整更多知識與資訊，不只我們的談吐將更具深度，應對進退也將更有依據。想讓古人成為自己的靠山，不是件十分困難的事，只要多方面深刻地涵養我們的學問知識，加以整合吸收，時機到了，問題來時，就能夠及時應用出來。

在這個世界上，沒有人能吹噓他不需要別人幫助、接濟。

——蘇利‧普呂多姆

用幽默的態度表達自己的堅持

 採用幽默的手法，把場面的氣氛先設定好，找出一個彼此都可以接受的談判結果，否則你來我往的鬥智，仍得持續下去。

雖然我們對自己很有信心，但是，我們也很清楚並不是所有的人都能夠完全認同我們的做法，當我們受到質疑和阻撓的時候，如何解決困境將會影響到事情後續的進展。

你可以選擇妥協，也可以選擇堅持己見，你的想法將會影響到你的做法。

美國知名劇作家尤金・G・歐尼爾曾經於一九三六年獲得諾貝爾文學獎。作家通常會有個毛病，或許不至於聽不進別人的建議，但多半不太喜歡別人更改他的作品。歐尼爾也不例外，最討厭別人要求他修改作品。

有一天，當他把新的劇本遞交出去之後，導演拉塞爾・克勞斯也是一位劇作家，看完歐尼爾這部《啊，荒蕪的地方》之後覺得劇本太長，認為如果能夠稍作修剪，會使得劇情更為緊湊。歐尼爾雖然心裡老大不高興，但是也不情不願地答應了。

第二天，他打電話告訴克勞斯說他已經刪節了十五分鐘。導

演聽了不禁又驚
又喜，因爲歐尼
爾修改劇本從來
沒有這麼快完成
的紀錄，於是高
興地在電話裡對
歐尼爾說：「真
是太好了，你等
我一下，我馬上
就過去拿你改好的劇本。」

　　沒多久，克勞斯就來到歐尼爾的辦公室裡，高高興興地接過
歐尼爾手上的劇本。還沒翻開，這位大作家就先向他解釋：「喔，
劇本本身是沒什麼變動啦，不過你知道，這齣戲我們原本打算以
四幕演出，現在我決定把第三幕和第四幕中間的休息時間省略
掉。」

用 幽默的方法, 說出你的看法

　　相信克勞斯聽了歐尼爾的說法後，肯定會覺得頭疼欲裂，因
爲歐尼爾擺明了就是不肯刪戲，如果克勞斯不想退讓的話，就得
再重新思考對策了。

　　談判應該是一個共同決策的過程，也就是說談判的結果是可
以達到雙贏的。誰的立場堅定，誰佔的優勢高，都會影響到最後
的談判結果。

　　過度固執，可能會引起談判破裂，但是也可能在壓力進逼之下，使得對手不得不讓步。談判者首先應該明瞭自己的底線與預期的目標到底在哪裡，才能在與對手過招的時候，保持更多的優勢。

　　歐尼爾不想要修改自己的作品，但又拗不過克勞斯的要求，於是決定採取一個緩兵之計，以時間來換取空間，先把問題避過了再說。

　　當克勞斯以爲自己談判成功的時候，更因爲歐尼爾的主動聯絡配合感到雀躍，情緒徹底被拉高。然而，歐尼爾知道自己不肯修改劇本的事實，肯定令其難以忍受，於是採用了幽默的手法，把場面的氣氛先設定好，幽了看劇模式一默。克勞斯即使真的被耍弄了，也不知該哭還是該笑，更不好當眾發怒。

　　克勞斯當然也可以堅持自己的立場，一旦他表明徹底，也證實刪改的結果將會更好，歐尼爾也沒有理由不改。最好的做法是雙方各退一步，找出一個彼此都可以接受的談判結果，否則這一段你來我往的鬥智，仍得持續下去。

　　談判，不是一種預定輸贏的互動，只要你夠堅持，不一定就得妥協。

智慧 ▶▶ 語 錄

我們絕不會投降，也不會失敗，而且會奮戰到底。

——邱吉爾

用荒謬的結論指出問題的核心

利用誇張的例子、荒謬的結論，目的就是要令
聽眾的心理產生質疑，才會重新去思考問題的
核心，也才可能有所改變。

理想與抱負，如果不以行動證明，可能永遠只是空談與妄想；
如果我們不曾為了我們的理想而堅持與奮鬥，永遠無法將我們的
信念傳達給其他的人，真理恐怕很難被人類發現，而人類的未來
也將失去光明。

每一刻的想法，融合起來形成目標；每一項目標，凝聚起來
形成理想；每一個理想，持續累積形成信念；許多人的信念匯聚
而來，就是真理。

每個人所渡過的一生都是人生真實的見證，每一個人所走過
的道路，都是印證真理的軌跡。

富蘭克林認為「能吃大苦的人，才能創大業」。他是一位自
律謹嚴，道德感極重的人，雖然只受過兩年教育，但是靠著不斷
自修與學習，積極實現每一個想法，為自己的人生開創出一番令
人敬仰的榮景。

許多人認為他是一位天才人物，這句話或許沒錯，但是富蘭

克林的成就是來自於他鍥而
不捨的努力。

　他不但是一名發明量極
巨的科學家，也是一名積極
投身公共事務的政治人物，
一生都在為人權努力與奮
鬥。

　他曾經說過：「哪裡有
人權，哪裡就是我的祖
國。」

　在他的心裡，人權是需
要尊重的，並且不分種族、
不分學識、不分派別。

　由於這個理想，當他踏上政壇，便積極參與《獨立宣言》的
起草，為了建立美國民主制度而進行抗爭。

　他曾經在一場演說之中，厲聲譴責一條有錢人才有資格當選
議員的法律，他舉例說：「現在，想要當上議員，得先有三十美
元。假設我擁有一頭驢子，也價值三十美元，這麼說來，當我擁
有一頭驢子的時候，我就可以被選為議員，如果一年後驢子死了，
我就沒有三十美元，也就是說我便沒有資格再當議員。試問，到
底誰才是議員？是我還是驢子？」

用幽默的方法，說出你的看法

人類為了讓事務能更順利地進行，讓群眾有更合理的分配與管理，因此衍生出許許多多制度與規範，倘若每一個個體都能謹守規範，就能夠讓事務更容易推行，世界也能順利運轉。

然而，當世界的運轉持續進行中，並不表示這個制度結構本身沒有任何問題，有些人可能持續受到壓迫與剝削，有些人可能只是坐享其成。長久下來，人的忍耐也是有限度的，怒氣早晚會爆發，問題早晚會顯現。

富蘭克林提出的質疑，便是當時社會制度、政治法規上的一個重要弊端。

有錢的人才能有錢有閒地參與政治活動，這是當時社會的普遍認知，然而規定只有有錢人才能擔任政策決定者，卻是嚴重犧牲某些人的權利與價值的做法。因為有錢人可能出生就有錢，一生都過著有錢人的生活，肯定絲毫未能體會貧窮人家的遭遇與困難，試問如此的決策者如何能夠站在經歷想法都與他不同的立場來思考？

如果不能將窮人視為整體的一部分，所做出來的決策勢必也無法將窮人的需求納入考量，那麼，這樣的決策就只是一項圖利富人的惡法了。

富蘭克林想要挑戰的就是這種不公平、不正義的思維，也是他在演說現場所要引起聽眾反思的目的。

如果所有的人都認為理所當然，現狀就會繼續維持，公平與正義也將無處伸張。他利用誇張的例子、荒謬的結論，目的就是要令聽眾的心理產生質疑，才會重新去思考問題的核心，也才可能有所改變。

　　我們對信念的堅持，將主導我們的言行舉止以及我們的種種行動，有了行動，信念也才有持續下去的力量。當我們有信念、有想法，想要尋求支持與認同的時候，或許可以再次思考一下富蘭克林的做法，將問題以荒謬的方式呈現，也是一種激盪共鳴、拋磚引玉的良方。

> 我們的信念是不停燃燒的燈火。這不僅僅帶給我們光明，也照亮周圍。
> ——甘地

強化弱點，就能製造賣點

如果你率先坦誠自己的弱點，而且以稍微誇張
又帶有趣味的方式強調，或許反而能在夾縫中
獲得生存空間。

循規蹈距行事，是最安全的路徑，因為任何一條創新的道路，
都意味著背後有不可預知的風險。可是，如果你不曾走上一遭，
你就不會明白你是不是可能會超越原本的成就。

多發揮創造力，可以讓我們的生活增添更多趣味，也能夠運
用反向思考，解決生活中的種種難題。

當平常慣用的方法行不通的時候，何妨把問題倒過來想一想，
說不定致勝奇招就這麼想了出來。

喬治·考夫曼是美國二十世紀初一位非常著名的劇作家，也
導過許多膾炙人口的戲劇。

有一次，一位電影製片商請考夫曼改編由雅克·德沃爾所寫
的一齣法國喜劇《屋子裡的人》，考夫曼欣然同意。

然而，儘管劇本改寫得非常成功，但是卻因為選角不佳，而
且剛巧遇上城裡正流行一波嚴重感冒，因此票房奇差無比，到最
後還差點面臨停演的下場。

為了力挽狂瀾，考夫曼親自想了一段廣告詞，命人四處宣傳。這則廣告詞果真很妙，後來還吸引不少人走入電影院。

他是這麼寫的：「如果你希望避開擁擠，請盡速到尼克博克電影院觀看《屋子裡的人》。」

每個生意人忙著稱讚自己的產品都來不及了，有哪一個人會像考夫曼一樣，把電影票房不好的情況拿出來當作廣告詞？

但是，考夫曼就要反其道而行，坦然地拿自己來開玩笑，目的就在於博君一笑，引起群眾的興趣，反而達到號召觀眾的效果。

用 幽默的方法，說出你的看法

想推銷產品，如果你是老王賣瓜自賣自誇，群眾圍繞過來的目的就在於想看看你到底有多好，他們的心裡將帶著一種潛在的挑剔意識，某種程度來說也是想要找找看你有什麼缺點。假使找不到，就證明了你的產品真的好，名副其實，但如果被找到了，那麼就證實你的說法太誇張，不可盡信，反而會對你的產品的印象打了折扣。

反過來說，如果你率先坦誠自己的弱點，而且以稍微誇張又

帶有趣味的方式強調，或許反而能引起對方的同情意識，在夾縫
中獲得生存空間。就好像過去曾有一位歌手強力以「我很醜，可
是我很溫柔」作爲訴求，在重視外貌的演藝圈中，卻擺明了自己
的容貌不夠出色。

這樣的宣傳手法反而讓聽衆將焦點放在他高亢的嗓音上，甚
至會說出「他其實也不太醜」這樣的評語。

或許對演藝人員來說，擁有好的容貌是一項極爲重要的因素，
但是這並不代表沒有出衆外表的人完全沒有生存的機會。

一個以帥氣爲訴求的藝人，就會被人以高標準的容貌要求來
打分數，只要有一天稍微不夠帥，他的努力可能就會遭受打擊；
但是一位以不帥氣爲主張的歌手，卻反而在那個極其著重外貌的
領域中獲得許多支持。

所謂的「老二哲學」，目的不在爭第一，不在獨占市場，而
是要囊括所有老大吃不下的空間，不必負擔老大的高要求風險，
也不必維持第一的形象需求，只要能獲得部分消費者青睞，進而
獲利，就達到目的了。

現實生活也是如此，失意與挫折是每個人都沒有辦法逃避的
人生考驗，如何用樂觀積極的心態面對，無疑是相當重要的。

當現實環境不如預期，不妨試著用機智取代心中的怨懟，如果
你懂得發揮創意幽自己一默，許多看似無解的難題都會迎刃而解。

智慧▶▶語錄

猛獅在撲擊以前，通常總是先退後，留個撲跳迴圈
的餘地。
——亨利克·顯克微茲

順著對方的邏輯面對問題

我們往往有發現問題的能力，但不見得都能有解決問題的決心，主客觀的因素交相雜陳，影響了我們心裡的判斷和行動力。

人類這種動物，指爪平滑，無力撲抓獵物；皮膚光滑，毛髮微疏，無法自持體溫；跑不快、游不久、力氣又不大，可以說是集所有缺點於一身的動物。然而，在這個世界上，現今卻是由人類這種動物來主宰。

上天給了人類最大的禮物，就是思考的能力與語言溝通的能力。有了思考的能力，我們便能夠不斷學習，學習解決問題，改善生活需求；有了語言溝通的能力，我們便能夠讓智慧不斷累積，讓知識不斷傳承，我們得以站上巨人的肩膀，而不用事事從零開始。

每個人都獲得了上天的禮物，有些人能夠解決自我的問題，有些人尚有餘力去幫助他人，然而，有些人卻辜負了上天惠賜的禮物。

集科學家、發明家、政治家等身分於一身的富蘭克林，對於人權極度重視，為了人權自由而奔走，不遺餘力。

他曾經身為議員，對社會上種種不公平的現象感到不安與憤怒，對於某些佔有社會與政治資源的上流人士頗有微詞。

有一次，他的一名僕人問他：「主人，請問什麼是紳士？」

這名僕人是位黑人，當時黑人在美國社會中的地位其低無比，更沒有什麼人權而言，經常受到豬狗般的待遇。

富蘭克林當時正為了相關議題在議會裡受挫的情況感到煩悶，聽了只是漫不經心地回答：「所謂的紳士嘛，那是一種能吃、能喝、能睡覺，可是什麼也不幹的生命體。」

沒多久，這名僕人又來到富蘭克林的身邊，說道：「主人，我現在明白紳士到底是什麼了。」

富蘭克林抬起頭來，正視著這名僕人，請他繼續說下去。

僕人說：「一般人都在工作，馬在拉車幹活，牛也在田裡勞動，只有豬才會整天除了吃睡外什麼都不做。毫無疑問的，紳士就是豬囉。」

富蘭克林頓時啞然，卻無法辯駁。

用 幽默的方法，說出你的看法

　　這位僕人故作癡愚，其實充滿智慧，他消化了富蘭克林的說詞，以絕對滑稽的比喻，為富蘭克林點出了值得反思的重點。

　　或許這個世界的資源永遠沒有辦法平均分配，但是強迫每個人齊頭式的發展，顯然反而是一種暴力。

　　富蘭克林當然觀察到社會貧富不均的狀況，也明白種族階級帶來不平等的待遇，但是他的努力卻無法一下子就將社會約定俗成的觀念導正。

　　這名黑人奴僕不是不明白富蘭克林為人權奔波的努力，也很清楚當時黑人處境的艱難。

　　他更明白，如果權力握持在某些人的手裡，那麼這些人就應該肩負起他們應負的責任，而不只是坐享其中利益，這便是他順著富蘭克林的邏輯指出的核心問題。

　　如果不能善盡自己的責任，突顯自我的價值，那麼人類只是一種最無用的會呼吸動物。當一個人忘記自己是群體中的一份子時，當一個人輕忽了自己的權利與義務時，這個人的存在就成了社會裡最沉重的負擔。

　　實在佩服這位僕人的勇氣，在如此艱難的景況之中，竟仍敢仗義直言，點出事實，直指核心，而非規避問題，也不因自己身處在環境較佳的空間而有所偏安，反而仍積極為世界的不平等發出呼喊。

　　我們往往有發現問題的能力，但是我們不見得都能有解決問

題的決心，主客觀的因素交相雜陳，影響了我們心裡的判斷和行動力。

　　遇到問題的時候，如果我們一直退縮，當一隻掩耳盜鈴的鴕鳥，問題將永遠存在，也將永遠無法解決。

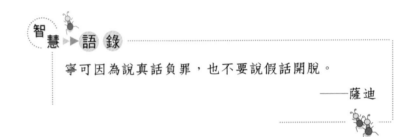

智慧▶▶語錄

寧可因為說真話負罪，也不要說假話開脫。

——薩迪

說太多，只會造成反效果

言語，確實是我們與外界溝通的主要管道，但是，別忘了，能說，是一件好事，多說就不見得了。

我們不用做一個凡事不敢居功的假道學，對於自己的成就驕傲不需要感到羞恥。但是，我們得要小心，別驕傲過了頭，反而給自己惹來麻煩。

「人生得意須盡歡，莫使金樽空對月。」李白的詩句提醒我們，眼前擁有的千萬不要蹉跎，以免失去之時，徒留內心懊喪。

因此，我們當然應該為自己現有的成就感到驕傲，卻不要就此感到滿足，畢竟只要繼續堅持，未來還有更為深遠廣大的發展。

你生命中的驕傲，別人想看就看得到，真的不需要到處去說，說多了，就變成了自吹自擂，就變成了妄自尊大；你的驕傲在虛榮心的餵養下，總有一天會蒙蔽了你的眼、你的心，也將帶著你走向危途。

沒有人不知道發明第一架飛機的人就是萊特兄弟，不過大概沒有太多人明白，萊特兄弟的沉默寡言，不懂宣傳交際也是出了名的。

　　當他們兄弟倆成功地發明第一架人工飛行器，帶領人類的雙腳離開地球表面之後，立刻聲名大噪，經常走到哪裡就有人要求他們演講，也常常令不擅言詞的兩人感到不勝其煩。

　　有一次，他們參加了某一個不得不參加的盛宴，酒過三巡之後，果然又有人鼓譟，希望他們兄弟二人能夠上台發表演說。

　　實在推託不了主持人的邀請，大萊特只好勉為其難地站起來說：「唉，這一定是弄錯了吧，演說的部分一向是歸舍弟負責的。」

　　主持人和現場賓客當然立刻將目光全部轉向小萊特。小萊特撐了許久，只好站起來說：「謝謝各位的支持，不過家兄剛才已經演講過了。」

　　就這樣你推給我，我推給你，兩人推來推去。可是，在場的人一點也不想放過他們兄弟倆，禁不住各界人士的再三邀請，小萊特只好再站起來說：「據我所知，鳥類之中只有鸚鵡會說話，而大家都知道，鸚鵡是飛不高的。」說完便表示自己的演說已然結束。只有一句話的超短演說，卻博得了在場人士不絕於耳的熱烈掌聲。

用 幽默的方法，說出你的看法

　　萊特兄弟的成就，自然是人類歷史上的重要里程碑，展現了一次成功的大跨越。然而，他們卻反而更加謙卑，認為真正的偉大是不需要自鳴自放的，那些說得比唱得好聽的人，做起事來不見得名副其實。

　　小萊特以鸚鵡為例，一方面解除了自己與兄長不擅言詞的尷尬處境，另一方面也批判了許多光會說話而不肯做事的人。

　　如此含蓄的說詞，令在場人士信服的原因，在於成功且貼切的比喻。小萊特並非批評鸚鵡是不好的鳥，只是陳述出鸚鵡飛不高的事實，在場的人士由這樣的事實，將飛高與成就高飛做了聯想，不但了然小萊特的話中之意，也因為他竟可做出如此聯想而感到服氣，分外感受到這對兄弟的才學與氣度。

　　言語，確實是我們與外界溝通的主要管道，但是，別忘了，與我們建立管道與聯結的方式不僅只一種，除了話語，我們還能夠感受。能說是一件好事，多說就不見得如此了。

智 慧 ▶ 語 錄

蠢才難免妄自尊大。他自鳴得意的正好是受人譏笑奚落的短處，而且往往把本該引為奇恥大辱的事大吹大擂。

　　　　　　　　　　——巴甫洛夫

改變態度，才不會惹人厭惡

為什麼要讓自己陷於委屈和勉強的情境中呢？
改變心態和想法，你就能夠從每一個情境之中
尋找到樂趣，尋找到意義。

談判，有一項極為關鍵的策略，就是判斷出對方的需求和自己的需求，接下來，對方想要什麼就想辦法給他什麼，然後拿回自己所要的，彼此在交換的過程中，得取希求的利益。

此外，若想要說服對方，最重要的就是要先讓對方聽你說話，畢竟唯有話聽得進去，才有機會說服得了對方。想要讓對方聽你說話，投其所好是個可行的方式，也是一項說服歷程的起點。

古希臘數學家歐基里德被尊稱為「幾何學之父」，他博覽群書，累積了前人在幾何學上的發現，集之大成並編纂了十三卷的《幾何原本》，對後世在數學上的發展造成了極大影響。他在學術上的表現極具聲望，因此受到埃及托勒密國王的賞識，前往亞歷山大城進行講學。

歐基里德治學嚴謹，對學生的要求也極為嚴格。據說托勒密國王曾經詢問他學習幾何是否有什麼特別的訣竅或捷徑，他毫不客氣地回了國王一句：「幾何無王道！」

　　意思就是想要學習幾何的知識，即使是國王也沒有特別的蹊徑可循，唯有苦學一途。這句話後來衍生有「學習無坦途」的意味。

　　一向以認真執著的態度看待幾何學的歐基里德，開始講學的第一天，從幾何的第一定理開始講起，可是台下就是有個學生不肯安分乖乖聽講，一下子捉弄其他的同學，一下子動來動去擾亂課堂上的秩序。

　　歐基里德見了十分生氣，因此暫時停下課程，嚴肅地看了那學生一眼，並示意他專心聽講。

　　但是，這名學生卻依然故我，最後歐基里德忍無可忍，只好把他叫起來問話。想不到學生竟然態度張狂地反問歐基里德學習幾何學到底有什麼用。

　　歐基里德聽了，沉默一陣子，之後冷冷地對一旁的僕人說：「去拿幾個錢幣來，看來這位先生沒看到一些利益是不肯學習的。」

用 幽默的方法，说出你的看法

　　曾經有不少人高談過學習無用論，認為過度鑽研知識反而失去生活技能的做法，是一種教育失敗。

　　但是，我們從廣義的學習角度來看，人一出生不就開始為了學習如何活下去而努力嗎？

　　我們的每一項作為，都是依靠學習而來，也都是為了存活而做，只要求生意志仍在，學習就不可能間斷。

　　每一種學習，都會對我們產生影響，不論好壞。我們最應該學習的，是學習的態度與學習的方式，一旦掌握了學習對我們的意義，就不會產生疑惑與迷惘。就好像故事中的學生，如果他完全不能理解學習幾何學對他有什麼用處，又為什麼要浪費時間坐在教室裡呢？

　　如果他認為有其他的事情比起幾何學更來得有意義，為什麼不能毅然決然地去進行他認為有意義的事情呢？既然決定留下來，又為什麼不敞開心胸去發現幾何學對自己的益處呢？

　　這位學生的問題，許多年輕學子也曾經遭遇過，他們的學習來自於父母及社會壓力的逼迫，完全不明白自己的所作所為目的在哪裡，如此一來，不但浪費了時間，也浪費了生命。

　　有研究調查顯示，當一個人全心投注於自己的興趣時，是完全不會感到疲累的，也完全不會察覺到時間的流逝。

　　如果你能夠全然享受生命中的每一分每一秒，又為什麼要讓自己陷於委屈和勉強的情境中呢？

改變心態和想法，你就能夠從每一個情境之中尋找到樂趣，尋找到意義。

爲了自己好，也爲了不影響到他人，在下決定之前，何妨多花些心思思考、權衡，一旦下了決心，一旦做了決定，就堅持下去。就好比，你決定棄職業就學業，或是棄學業就職業，不管是什麼原因造成你的決定，你就該爲自己的決定負責，爲自己的選擇負責。

智慧 ▶▶ 語 錄

讀書是易事，思考是難事；但兩者缺一，便全無用處。

——富蘭克林

有了深厚的興趣就能全神貫注

 如果你的心已經被某一項事物佔據，是無法再分心於其他事物的，那件事一定是你深感興趣的，才有力量佔據你的心。

當你很認真執著在進行某一件事的時候，外在的一些變化其實是很難干擾到你的。這是由於你當時正全神貫注，全心投入，以致於全身的感官集中注意於聚焦的事物上，進而忽略了對其他事物的感受力。

所謂的「心不在焉」，就是指你將全身的精力貫注於一項事物之中，注意力自然無法兼顧眼前的事物。

俄國知名的化學家門捷列夫就曾經有過這麼一則軼事。

當時，一位極為熟稔的老朋友前來拜訪，門捷列夫正好在進行一項化學實驗。由於朋友好久不見，門捷列夫只好放下手中的工作，來到起居室招呼客人。

這位朋友因為碰上了一件麻煩事，所以特地來找門捷列夫訴苦，一見到面就開始喋喋不休說個不停。可是，過了沒多久，這位朋友就發現門捷列夫雖然看起來好像有反應，不住地點著頭，但是心思根本不知飄到何處去了。

朋友問：「我打擾到你了嗎？」

門捷列夫聽了喃喃地說：「不，沒有⋯⋯你說到哪兒去了，請講吧，繼續講吧，你並不妨礙我，我在想自己的事情⋯⋯」

原來，從朋友進門以來他的心一直都掛在自己的實驗上，根本完全沒在聽。

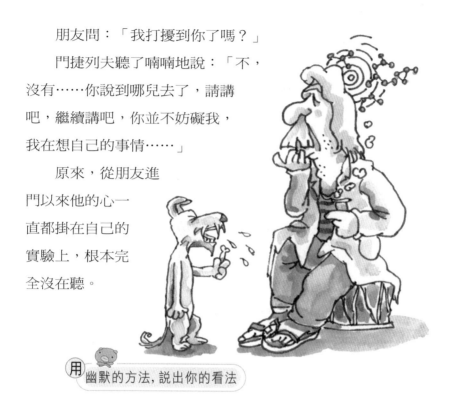

用 幽默的方法，說出你的看法

曾經聽過這麼一個例子，有一對家長為了怕自己的孩子讀書不夠專心，於是將客廳裡的電視機翻轉過來，讓螢幕面向牆壁，以示這段時間全家不看電視的決心。有些人覺得這種做法未免過於矯枉過正，畢竟孩子若真要分心，又豈止有電視一項誘因？而這種剝奪孩子所有樂趣和紓壓管道的做法，若不能獲得孩子的認同，恐怕會適得其反，反而讓孩子對讀書這件事產生極大的反感。

如果孩子對於讀書沒有興趣，或者極容易分心，這時候家長最應該做的，不是憤怒地急於阻止或斷絕那些所謂的引誘源，而是應該先行了解孩子對讀書沒有興趣的因由何在。

如果孩子確實是受到某些誘因吸引，而無心於課業，並非討

厭書本，那麼和孩子先行溝通事情的輕重緩急，或許可以喚回孩子對課業的重視度。而適當的時間分配，用功讀書和休閒活動並重，使壓力有個舒緩的出口，對於讀書也不易產生反感。

如果孩子單純只是為了逃避課業，那麼即使你杜絕了所有可能的外在誘因，還是無法使他重拾興趣，畢竟問題的根源就在於學習和課業本身。

從門捷列夫的例子我們不難看出，如果你的心已經被某一項事物佔據，是無法再分心於其他事物的，那件事一定是你深感興趣的，才有力量佔據你的心。所以，如果你希望孩子關注的焦點能夠停留在課業上，或許真正應該著手了解的，是如何增加孩子對課業的興趣，又不減損學習的質與量，才是治本的方式。

假始能夠理解這點，設法讓孩子把心思停留在課業之上，電視需不需要「面壁思過」，就一點都不重要了。

智 慧 ▶▶ 語 錄

就像沒食欲卻勉強要吃而危害健康一樣，缺乏動力的讀書會損害記憶，記憶也不長久。 ——達文西

chocolate
better
than
I

Chapter 9

反應快，不等於嘴巴壞

很多人往往為了逞口舌之快，

忽略了說出去的話就像潑出去的水，

不僅造成他人的傷害，

同時也破壞自己辛苦建立的形象。

留點餘地，互動才能多點空間

與其理直氣壯地指稱對方錯誤，不如留一點餘地，為他找個台階下，為將來的互動多爭取了一些空間。

俄國諷刺作家克雷洛夫提醒我們：「不管面對什麼形式的批評，最好先弄清楚對方的意思，然後以機智幽默的方式回應。」

確實，有時候對方不滿的只是你沒給他「咖啡匙」，而不是你的「咖啡」太燙，摸不清對方的用意，根本無法讓對方滿意。

在一家咖啡館裡，一個粗心的服務生端上一杯滾燙的咖啡給一位女士，但卻忘了附上咖啡匙。

女士幽默地說：「我可沒辦法用手指攪拌咖啡呀！」

服務生聽了之後，立即端上另一杯咖啡，然後對她說：「夫人，這杯咖啡只是略為溫熱，應該不至於燙傷手指了。」

貴夫人特別用暗示的語氣提醒服務生忘記拿咖啡匙了，沒想到這個天兵不但聽不懂，反而還換了杯溫咖啡，真的不是普通笨！

以下，同樣是一則「天兵天將」的故事。

有一天早上，一位為貴夫人開車的司機，沒刮鬍子就匆匆忙忙去上班了。

夫人看到他後便問道：「比爾，您認為多久刮一次鬍子比較合適？」

只見比爾看了他的僱主很久，最後終於說：「夫人，您的鬍子不多，我想大概一個月一次就行了。」

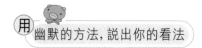
用 幽默的方法，說出你的看法

比起那位服務生，這位司機的反應則是令人噴飯，或許他是真的聽不懂夫人的暗示，才會這樣回答吧！

但不管是真的不懂還是裝傻，當別人給我們台階的時候，可要懂得順著台階下，不要傻傻地發愣或是故意裝作聽不懂，甚至死鴨子嘴硬不認錯，這根本一點意義也沒有。

同樣的，我們也可以學習故事裡兩位女士的處世態度，與其理直氣壯地指稱對方錯誤，不如留一點餘地，為他找個台階下，不只會讓對方在心中暗暗感激你，也為將來的互動多爭取了一些空間。

美國人際關係大師卡內基就曾說：「要用若無其事的方式提醒別人那些他不知道的事，就好像是提醒他忘記的事一樣。」

用幽默的方法說出你的看法，這樣的處世智慧，你學會了嗎？

反應快，不等於嘴巴壞

很多人往往為了逞口舌之快，忽略了說出去的話就像潑出去的水，不僅造成他人的傷害，同時也破壞自己辛苦建立的形象。

我們常愛說一個人「狗嘴裡吐不出象牙」，意思是說這個人嘴巴裡出不了好話，就像在狗嘴裡永遠找不到象牙一樣。

相信許多人都會認為，這其實不是一件無法改變的事，一個人說什麼話，絕對是能夠控制的。也就是說，他的性格、態度如何，其實才是決定他說什麼話的關鍵。

從前，有一個滿臉鬍鬚的高官，與一個臉上修得乾淨不見鬍渣的縣官經常混在一起，這天兩人邀約一同吃飯。

席間，上司的鬍鬚上偶然沾上一點米粒，他的門生見狀立即向他稟告：「老爺的鬍鬚上有一顆明珠！」

官員聞言微微一笑，便伸手將它拂去。

縣官回到衙門後，便嚴厲責備自己的門生：「你看看大人的門生多麼伶俐，相比之下，你們這些人真是蠢到不行！」

有一天，這兩個官員又聚在一起吃麵，縣官拿著筷子正吃得津津有味，沒注意到有根麵條就這麼掛在嘴邊。

就在此時，前幾日受到責難的門生爲了力求表現，於是急忙對他開口說道：「小的有事稟報。」

縣官問他有什麼事情，門生於是回答：「老爺光淨的屁股上，多了一條蚵蟲掛在外面！」

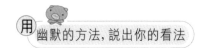
用幽默的方法，説出你的看法

總是說好話而不說壞話叫做阿諛，一個成天阿諛奉承的人，的確爲人所不齒；但若是有人每次出口卻都沒一句好話，只會說些低級粗俗，甚至不堪入耳的壞話，反而還更叫人討厭。

英國名人佩恩曾經說過：「如果你考慮兩遍之後再說出口，那你說得一定比原來想的好上兩倍。」

確實如此，想要用幽默的方法說出自己的看法，就應該好好思考一下，自己說話的時候是不是都會經過腦袋思考？

我們常常可以看到，很多人反應快卻嘴巴壞，往往逞了一時的口舌之快，卻忽略了說出去的話就像潑出去的水，因而經常對其他人造成難以磨滅的影響與傷害，同時也徹底破壞了自己辛苦建立的形象。

還有一些人，老是把損人當成一種樂趣，以爲自己辛辣、一針見血的毒舌風格是一種犀利的幽默，能夠表現出自己的反應靈敏。

不過，這類人其實是徹底誤解了「反應快」的意義，以爲說話不經大腦就等同反應機敏，殊不知，真正聰明機伶的人在話出口前，早已不知在腦袋裡轉過多少遍了呢！

　　做人不要太白目，平日說話做事之時，千萬要謹慎小心，可別把損人當有趣，把愚昧當天真。

　　要是一不小心誤觸別人的底限，說了不該說的話，小心到時候弄得自己一身腥，連笑都笑不出來！

說話太直接，最容易造成誤會

 如果善加利用靈活思考，除了做事順利，很多時候還能化解許多誤會與尷尬，讓人際之間的交往更順利。

　　無論做任何事，能不能發揮聯想力，無疑是做好事情的重要關鍵。在別人說話的時候，隨時進行聯想，也更能幫助你了解別人的話中是否別具深義。

　　相對的，說話的時候如果反應太過直接，快人快語成了習慣，忘了話說出口前要先修飾一番，聯想力豐富的人心裡難免會因為聯想而產生誤解，增加不少誤會發生的機率。

　　小華某天應朋友之邀赴宴，但卻因故遲到。

　　匆忙入座後，他見到烤乳豬就在自己面前，於是十分高興地說：「哇，我就坐在乳豬的旁邊。」

　　話才剛出口，便發現身旁一位體態豐潤的女士正怒眼圓睜地瞪著他，全桌的人也都一副忍俊不住的表情。

　　小華這才發現自己說錯話，急忙對女士陪著笑臉，一邊解釋：「對不起，我是說那隻燒好的。」

用 幽默的方法, 説出你的看法

肥胖的人通常都很敏感，也有很豐富的聯想力，只要一聽到「豬」這個字眼，就以為別人在罵自己。

真不知道該說那名女士太反應過度，還是小華說話太粗心，忘了要先在腦中思考一番呢？

以下的這個故事同樣也是跟聯想力有關，但是產生的幽默效果，卻反而化解了一場尷尬！

陳教授正在上課，告訴同學們如何提醒別人一些尷尬事情。

「比如說，如果你們看見一個女孩子屁股上有草屑，就應該委婉地對她說：『小姐，妳的肩上有一些草屑。』這樣一來，女孩子只要往肩部看，然後向下——就會看見了。」

這時，一個女學生舉起手，教授於是點點頭示意她可以發言，這時只見她有禮貌的開口：「教授，你領帶的拉鏈開了！」

如果善加利用「舉一反三」的靈活思考，運用在對的地方，除了做事順利，很多時候還能化解許多誤會與尷尬，讓人際之間的交往更圓融順利！

實話實說，好過推搪諉過

 既然事實不會消失，那麼何不乾脆實話實說呢？實話實說有時雖然很尷尬，但至少不必再繼續編謊話。

雖然從小，父母老師都教導我們要說實話，但是隨著年齡的增長，大家才漸漸發現，說實話並不是一件容易的事。

因為，在社會上打滾，經常會遇到很多「不知該不該承認」、「不知該不該說實話」的時候，往往教人不知如何是好。

有一次，有兩個女同學一起出去外面玩，由於行程必須過夜，於是決定一起睡雙人房。

其中一個女生五音不全，向來不敢在人前唱歌，但那晚，她真的好想唱歌，可是又不想讓室友聽到，於是暗自打算，要在洗澡的時候偷偷唱，那就沒人知道了！於是，她在蓮蓬頭嘩啦啦的水聲中，愉悅地唱歌洗澡。

待她浴室出來，只見室友表情緊張地問她：「妳剛剛有沒有唱歌？」

她心想：「這麼丟人的事怎能承認呢？」於是，連忙矢口否認：「沒有啊！我沒有唱歌啊！」

室友的表情簡直快哭出來了，說道：「我跟妳說喔！這房間不乾淨！剛剛妳在洗澡的時候，我聽到鬼在哭的聲音耶……」

用 幽默的方法, 說出你的看法

如果你是那位唱歌不好聽的女孩，試問你會老實承認？或是像她一樣矢口否認？萬一矢口否認之後，室友卻認真地懷疑自己剛才見鬼了，你又該怎麼回答？是說出實話？還是繼續扯謊？

其實，事實本身並沒有好壞對錯，之所以會產生這些觀念，是因為受到人的眼光與想法的影響。

泰戈爾曾說：「凡是真實的東西都無所謂好壞，僅僅不過是真實，這就是『科學』。」這句話雖然淺白，卻道盡了世間的真理。現在看來不對的事，也許長遠來看會是對的；現在看來「聰明」的舉動，也許轉過身去，只要一刻的時間，它就變得奇蠢無比了。

曾有人說過：「事實不可能因為被忽視或否認，就自動消失。」

如果我們真的難以抉擇，不妨想想上面這句話吧。既然事實不會消失，那麼何不乾脆實話實說呢？實話實說有時雖然很尷尬，但至少不必再繼續編謊話。

有時候，你只能選擇模稜兩可

 如果每件事都一律採取「老實說」態度，不只沒人會稱讚你的「誠實」，或許還會落得「處事不圓滑」聲聲嫌惡！

　　德國心理學家馬克‧拉莫斯曾經提醒我們：「不管贊成或者是反對某件事，兩種意見總是會有大量的理由。語言的藝術就在於你如何充分地表達，但是百分之九十九的人，卻經常忽略說話的重要性。」

　　不得罪人的話通常都是閃閃躲躲、模稜兩可的，因為要同時做到「會做人」跟「說真話」可不是一件容易的事呀！

　　某天，兩位講師正帶領地質系學生做野外實習，一個學生碰巧發現了一塊罕見的大化石。

　　講師甲說這是一塊樹木化石，講師乙則堅持是一根恐龍腿骨。

　　就這樣，雙方各自堅持己見、僵持不下，面紅耳赤地爭論不休。學生們不知道是誰說得對，但是他們知道兩位講師都要為他們的實習報告評分，這下該怎麼辦呢？

　　最後，一個聰明的同學想出了一個解決紛爭辦法。他在實習報告上寫著，此次發現的化石，其實是「恐龍的木腿」。

用幽默的方法，說出你的看法

　　如果你是這兩位評分的講師，會怎麼給分呢？是覺得學生聰明機巧，還是覺得學生不只沒主見，還企圖兩面討好？

　　說實在的，世界上沒有人可以絕對完美正確，可是卻很少有人勇於承認，並願意用正面的態度來面對自己的錯誤與不足。

　　所以，有時候你只能選擇模稜兩可！如果每件事都一律採取「老實說」態度，大概身邊有半數以上的人都會被你得罪光了吧！

　　最後，恐怕不只沒人會稱讚你的「誠實」，或許還會落得「處事不圓滑」的聲聲嫌惡呢！

　　英國詩人喬叟曾經說過：「真誠才是人生最高的美德。」

　　但是，當對方因為某些因素無法接受你的這種「最高美德」的時候，奉勸你還是退一步，換個角度想想「息事寧人的謊言，勝過搬弄是非的真話」這句波斯諺語吧。

　　聰明的你，是不是已經明白應該怎麼做了呢？

別因為壓力就放棄說話的權利

如果大家都不說實話,那麼表示這個社會一定存在某種制約或壓力,才讓人們不敢暢所欲言。

艾琳·卡特拉曾說:「誠實是力量的一種象徵,它顯示出一個人的高度自重與內心的安全感及尊嚴感。」

當一個人沒有辦法自重,或是沒有辦法擁有安全感的時候,就無法擁有誠實的力量,在這種時候,往往會選擇沉默或是說謊,以維護自身的安全。因此,想要聽到實話,就必須給人說實話的環境與自由,否則只有極少數的人會願意冒著危險把心裡的話說出來。

小明的導師是一個十分嚴厲的人,同學們既怕他,又恨他。

導師知道後,想緩和一下師生之間的關係,於是召集同學們開會。

開會時,他指著一個同學問道:「聽說你們很怕我,其實我很平易近人的,你說說看,你怕我嗎?」

同學深怕老師不高興,於是堅決地說:「不怕!」

導師聽了十分滿意,又問另外一個同學:「你怕我嗎?」

　　這個同學也趕緊說：「不怕。」

　　連著問了幾個人，大家都說不怕，讓這位老師十分欣慰。突然間，他發現小明心不在焉，於是點了他的名字，然後大聲問他：「你怕我嗎？」

　　只見小明被嚇得臉色發白，看著老師，哆哆嗦嗦地回答：「我，我……我不敢怕了。」

用 幽默的方法，說出你的看法

　　當我們發現自己處在一個大家都不敢說實話的地方，就可以知道這個環境一定存在著某種制約或壓力，才讓人們不敢暢所欲言。這些制約或許來自領導階層，或是來自人與人之間的心防，因為害怕被人出賣算計，於是大家只好選擇沉默或說謊，偽裝出一副太平和樂的樣子。

　　但是，這些假象都是人們沒有安全感、沒有尊嚴感的證明。若是一個真正公平、有能力的領導者，絕不會想看到自己帶領的團體扭曲，而會懂得解讀這些警訊，共設法改變。

　　更重要的是，若是真的有話，最好也要試著勇敢說出口，也許，正是因為沒有人敢說，才讓該知道狀況的人始終無法醒悟。因而，可別感受到些許的壓力，就輕易放棄了大聲說實話的權利！

用輕鬆的心情面對自己的處境

 世界上有許多事情本來就是真真假假、假假真真，因而我們看待任何事，也不必太過死心眼。

　　生活在騙子橫行的現代社會，我們的週遭當然不乏作虛弄假之徒。如果你看不慣這種行徑，想教訓一下那些騙死人不償命的人，並不需要和對方應碰硬，不妨試著說說笑話，表達自己對他們的看法。

　　作家馬可瑞茲曾經寫道：「最具有殺傷力的話，並不是胡亂編造的假話，而是根據事實加油添醋的真話。」

　　的確，以事實為基礎進行的諷刺，不僅可以達到「罵人不帶髒字」的效果，更可以讓當事人找不到反駁的著力點。

　　一間古董店招聘店員，一個年輕人前來應徵。老闆看完履歷表，打量了一下年輕人，然後把一副假牙放在桌上，問道：「這是什麼？」

　　年輕人看了看那東西，裝模作樣地回答道：「這是不是清朝康熙皇帝用過的假牙？」

　　老闆聽了很高興，對他說：「年輕人，你錄取了，明天正式

上班。」

據說在某一貧窮國家，什麼都是假的，只有騙子是真的。

一個老農夫用辛辛苦苦積蓄的錢財買了種子播種，結果到了秋天，卻一無所獲，原來，這種子是假的。

老農夫一下子失去了所有的積蓄，又感嘆自己被奸人所騙，一時鬱悶難紓，便想一死了事。他買來一瓶農藥，一飲而盡，結果卻一點事情也沒有，因為，農藥也是假的。

大難不死，大概是老天的安排吧！老農夫決心要奮發向上，重新迎向光明，於是用僅餘的錢買了一瓶酒，和家人一塊兒慶祝新生活的開始，沒想到結果卻樂極生悲，當天夜裡，全家人都死了。

因為，酒也是假的。

用 幽默的方法，説出你的看法

近年來的台灣社會，詐騙集團橫行，到處都有人受騙上當，有時還真不禁令人感嘆，我們的社會真的生病了。也正因為這些人的可惡，所以我們更能明白誠實的可貴，也更懂得要真誠的對待別人。

不過，從另外一個角度來看，世界上有許多事情本來就是真真假假、假假真真，因而我們看待任何事，其實也不必太過認真、太過死心眼。

因為，很多事情並不是我們所能掌控的，只要在我們的能力範圍內，要求自己盡力做到最好，不計算別人，也不說假話，眼前的處境，還是用輕鬆一點心情面對吧！

不會說話，小心付出代價

不要期盼人人都能瞭解你的想法與本意，因為別人只能從你說出來的話，以及外在顯露的樣子，去判斷你是個什麼樣的人。

說出去的話就像是潑出去的水。

你應該知道「覆水難收」的道理吧？要是你經常說錯話，就只能祈禱自己福星高照。

正因為說錯話需要付出不小的代價。所以，無論如何寧可少說一句話，也不要不經大腦就說話。

有一次，乾隆皇帝去參觀陵墓，看見墓道兩旁排列著許多石頭做的石人石馬，便故意考一考隨行的大臣：「這些石人叫做什麼？」

一名翰林院編修想要在皇上面前露一手但又操之過急，一時口誤，不小心把「翁仲」唸成是「仲翁」。

乾隆聽了忍不住大笑，興之所至，當場題了一首〈顛倒詩〉賜給這名翰林學士。詩云：「翁仲為何說仲翁？可見窗下欠夫功。從今不准入林翰，貶放柳州作判通。」

不過是胡亂說錯了兩個字就要被貶官，翰林學士好不後悔。

只是，更麻煩的事情還在後頭。

回到京城以後，翰林學士到吏部辦理貶放文書。吏部的官員十分為難地說：「自古以來，職銜只有『通判』，沒有什麼『判通』，你教我要怎麼發放才好呢？」

別無他法，這個翰林學士只好繼續留在翰林院做他的學士。

誰知，幾天以後，乾隆皇帝來到翰林院，看見那名應該早就被貶放的學士居然還在院裡，不禁怒斥道：「好呀，你這個不知死活的東西，竟敢違抗聖旨，該當何罪！」

皇帝生氣了，這可不得了！學士嚇得臉色發青，急中生智，連忙稟報皇上：「冤枉啊，萬歲爺，您賜給小人的官位，吏部說官職不明，所以不敢貿然貶放柳州，而留小的在翰林院裡打雜。因為萬歲爺的聖旨只說不許我入『林翰』，並沒有說不許我入翰林院呀！」

乾隆聽了這番話，雖然怒氣未消，但是，見他說得頭頭是道，因此也不好再追究下去。

用 幽默的方法，說出你的看法

可別小看說錯話的影響，雖然只是說錯一句話或一個字，卻可能足以讓人對你印象完全改觀。

因為若是不小心說錯了一句話，輕則損己，重則傷人，那就和你親手做了一件壞事沒有兩樣。

不要期盼人人都能瞭解你的想法、你的本意，因為別人畢竟不是你肚子裡的蛔蟲，再怎麼厲害，也只能從你說出來的話，以

及外在顯露的樣子，去判斷你是個什麼樣的人。

　　如果你因為一時口無遮攔說錯話，而讓人產生不好的印象，日後則可能要花上好幾倍的功夫，才能修補、扭轉別人心目中對你的看法。

　　因此，平時你就要多看文彥博的書，要是看了好幾本還不懂如何說話，至少也該要懂得沉默是金的道理。

　　並且，還要多聽、多觀察，少一點衝動與隨性，自然就能避免說錯話的尷尬狀況。

時時反省，才不會自取其辱

所謂的「恥」，就是一種自我反省，自我體察的能力。一個人若是不知恥，那麼註定會為自己帶來極大的羞辱。

日常生活中，我們免不了要批評別人，也免不了會遭人批評。批評不全然是壞事，因為人想要進步，就得虛心聽聽別人的建言，改善自己的盲點。

最糟糕的是那些只會罵別人，從來不反省自己的「假道學」。

如果你厭煩了「假道學」那種一副只有自己最對的行徑，不妨找個適當機會說說下面這個笑話，發揮「罵人不帶髒字」的智慧回敬一番。

一個歹徒衝進一家酒館，對天花板連發兩槍，接著大喊：「所有混蛋都給我滾出去！」

只見所有的顧客見到凶神惡煞上門，立刻奪門而逃，只剩一個英國人還站在吧台前，不慌不忙地喝著酒。

靠！天底下還真有不要命的，歹徒於是惡狠狠地盯著他。

這時，英國人開口了：「喔，看來這個世界上的混蛋還真不少！」

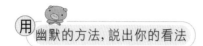

用 幽默的方法，説出你的看法

是呀，我們不否認，這個世上的「混蛋」，還真的不少！

不過，有些人或許會認為，自己與這些「混蛋」是不一樣的。

人都會抱怨，有些人總覺得老天對自己不公平，因而罵天罵地，罵父母、罵上司、罵社會、罵政府、罵總統，就是不會罵到自己，彷彿世上的錯事都是別人幹的，混蛋都是別人當的，做錯事的、卑劣的、愚昧的，永遠也不會是自己。但是，事實真的是這樣嗎？

隋朝文人王通曾說：「辱，莫大於不知恥。」

所謂的「恥」，就是自我反省，自我體察的能力。這不是老掉牙的教訓，而是每個時代中的每個人都應該好好思考的。一個人若是不知恥，那麼註定會為自己帶來極大的羞辱。

看到這裡，你還覺得自己比別人優秀，比別人不混蛋嗎？犯錯無賴的人，以及理虧的人，永遠不會是自己嗎？

Chapter **10**

保持冷靜，
才不會做出荒謬決定

過度投入與狂熱，往往會讓人喪失理智，

在瞬間成為情感的奴隸，

做出平常自己不會做的事。

何必為了驢子生悶氣？

保持思緒的流動，就能增加心靈的柔軟度，也
更能提升自己的競爭力，永遠不被時代淘汰。

德國有句諺語這麼說：「蠢蛋雖然笨，但還有比他更笨的人，那就是為他的愚蠢抓狂。」

的確，只有愚蠢的人，才會為了一些不值得生氣的豬頭激動抓狂，真正聰明的人，不僅不會浪費精力和豬頭人斤斤計較，還會將他們的愚蠢當成砥礪自己的一面鏡子。

就算再怎麼生氣，也不要蠢到為了豬頭氣昏頭，而要發揮幽默機智，讓對方知道自己到底有多麼愚蠢。

據說，古羅馬皇帝哈德良手下有一位將軍，對於自己為國服務多年，卻始終未能受到哈德良重用，心裡感到相當不滿。

有一天，他終於鼓起勇氣來到皇帝面前，以他長久在軍中服役為理由，請求皇帝為他升官。

他說：「我參加過十次重要戰役，有這樣豐富的經驗，照理說我應該可以得到更高的官階，擔任更高的領導職位。」

然而，哈德良皇帝聽了，只是微笑地指著綁在周圍的戰驢說：

「親愛的將軍，好好看這些驢子吧，牠們至少參加過二十次戰役，可是牠們仍然是驢子，教我如何為牠們升官呢？」

用 幽默的方法，說出你的看法

經驗與資歷固然重要，然而，並不是衡量能力與才華的唯一標準。

有些人或許有十年、二十年的工作經驗，但卻只是年復一年地重複著類似的工作和動作，對於工作的內容固然很熟練，其實只不過是將一年的經驗，重複使用十次、二十次而已。

這樣的人，對於處理本身熟悉的工作，或許可以不出差錯，但這種看似無關緊要，其實相當可怕的重複，已然阻礙了心靈的成長，扼殺了想像力與創造力，工作時間再長也只是依樣畫葫蘆，根本沒有辦法接受新事物。

一個人如果連腦子都僵化了，更別說可能會有什麼新想法。

哈德良皇帝善於選人用人，深知這名將軍並沒有足以開創新局的

能力，只想守住自己眼前的利益，是以多年下來，即使參加過十場重要的戰役，卻未能立下任何偉大的功勳，才會幽默地以戰驢做比喻。

一個人的價值，不在於他有多少資歷，而在於有多少能力。

你認為自己是個有價值的人嗎？

你期望自己擁有什麼樣的價值呢？

你或許得先問問自己，是否不斷地自我挑戰、不斷地追求新的領悟與學習新的知識？保持思緒的流動，就能增加心靈的柔軟度，也更能提升自己的競爭力，永遠不被時代淘汰。

最能顯示一個人智慧的是，能在各種危險中做出權衡，並選擇最小的危險。　　——馬基維利

保持冷靜，才不會做出荒謬決定

> 過度投入與狂熱，往往會讓人喪失理智，在瞬間成為情感的奴隸，做出平常自己不會做的事。

　　由於網路拍賣的熱潮如烽火延燒，吸引了大量的商機，許多網拍賣家因此而致富。網路拍賣突顯了許多特殊的商業現象，比方說，有些買家整天掛在網上，目的就為了在最後一秒搶標某件商品；抑或因為諸多買家爭相搶標，使得一件看似不起眼的商品結標價飆至天高……。

　　經營拍賣，其實是一項相當高級的心理遊戲，有時必須以極低價起標的方式引起貪小便宜的買家注意，有時必須炒至極高的價格，一方面營造產品的高級感，另一方面也引起買家的佔有慾。

　　不論什麼樣的形式，重點就在於掌握每個人對於擁有的特殊感受，吸引買家產生「非買到不可」的心理。

　　越多人搶購，就顯得這件物品越難得，到了最後，商品本身的價值已經不再重要，重要的是那種搶手的感覺，以及「搶得」的快感。

　　十八世紀曾經有這麼一場驚人的拍賣會。

　　當時，荷蘭一位知名的物理、化學雙料學者赫爾曼‧約爾哈夫去世之後，人們在整理他的遺物時，發現在他的書桌上有一本加上封鎖的精裝書。

　　這本書的外表看起來裝訂得十分精緻，封板上燙金寫著一句話：「關於深奧醫術的唯一秘訣。」

　　消息傳了出來，引起很多人的興趣，有人說這可能是約爾哈夫未傳世的神秘手稿，有人猜測書裡可能記載著約爾哈夫某一項不為人知的研究記錄，否則為什麼要特意加上封鎖。總之，流言傳來傳去，每個人都想要親睹這本神秘的書稿，卻不得其門而入。

　　後來，這本書的繼承者將書送上拍賣市場，而且為了增加這本書的價值，更強調從未開封。

　　拍賣會參加者非常踴躍，而且很多人早就風聞這本書的名氣，所以一開始就叫出了極高的價格。競標者一個一個舉手，價錢一再地往上抬升，現場氣氛極其熱絡，最後以天價為一名富商落槌標得。

　　當天，約爾哈夫的其他著作

也一同拍賣，可是沒有一本能超過這本書的價錢。

這名富商拋出重金，果然在眾人欣羨的目光中，歡天喜地地將這本書帶回家。

一回到家，他立刻迫不及待地將書的封鎖打開。

結果，沒想到他將書翻前翻後、翻上翻下，看來看去都是白紙，什麼秘密都沒有，只有在第一頁留有約爾哈夫的一行筆跡：「注意保持頭冷腳暖，最知名的大夫也會破產。」

用幽默的方法，說出你的看法

尖刻的人應該會嘲笑富商活該被虛榮心沖昏了頭，厚道一點的人可能會安慰這名富商花錢買教訓，至於其他參與競標的人大概都暗自慶幸著，因為那個「冤大頭」不是自己。

過度投入與狂熱，往往會讓人喪失理智，在瞬間成為情感的奴隸，做出平常自己不會做的事。

姑且不論約爾哈夫是想要對後世開開玩笑，還是剛好是無心之作，抑或真有神秘目的，每一個可能性都隨著約爾哈夫的過世而失去求證的管道。不論如何推敲，或真的有跡可尋，都只剩下未解的謎題了。

富商只能怨自己失察，卻不能怪罪拍賣者欺騙，因為是他自願出如此高的價錢，自由意志下的決定實在怪不得別人。

這個故事警惕我們要學習冷靜地判斷，也要學習在極度狂熱的景況中冷靜下來，才不會被一時的情緒控制，做出連自己也覺得荒謬的決定。

 智慧 ▶▶ 語 錄

無知是可怕的，錯誤的知識更可怕。讓你的眼睛從
虛幻的世界移開；不要信賴自己的情感，情感有時
候是會欺騙自己的。往自己心中去探索內在且永恆
的人性吧！

——佛陀

用幽默的態度展現自己的氣度

幽默是人際關係裡的緩衝劑，許多爭執在幽默的語言互動之下，出現了一些不至於正面衝突的喘息空間。

　　寬容的人，往往可以得到比較好的人緣；喜歡與人計較的人，多半會被添上一個「小雞肚腸」的稱號；小鼻子、小眼睛的人更是容易被大家列為拒絕往來戶，因為若是要事事討好他們實在太麻煩了。

　　明代傳奇作家馮夢龍就曾經十分傳神地描寫過這樣的人，他說：「大凡小人度量極窄，眼孔最淺；偶然替人做件事兒，僥倖得效，便道潑天大功勞，虧我扶持成就，竟想厚報，稍不如意，便要就翻轉臉來了。」

　　度量小的人，就是這樣喜怒無常，令人難以捉摸，久了自然就讓人能避則避了，這樣一來人緣怎麼好得起來呢？

　　有一次「愚人節」的時候，有人故意要戲弄馬克‧吐溫，於是在一家紐約報社刊登了馬克‧吐溫過逝的消息。

　　消息一上報，果然引起軒然大波，馬克‧吐溫的許多親戚更從全國各地紛紛趕來弔喪。

當他們來到馬克‧吐溫家，卻發現馬克‧吐溫正悠然地在書桌前寫作，才知道被人耍弄了。一時之間，眾人紛紛發作，齊聲譴責那家造謠生事的報社，有人更破口大罵一定要告到那家報社倒閉為止。

只有被「寫死」的苦主馬克‧吐溫反應不同，他毫無怒色，反倒是幽默地說：「其實，他們報導的也沒太大的錯，我真的會死，只是他們把日期寫得早了些。」

連生死都能拿來開玩笑，幽默大師的肚量果然非同小可。

正因為馬克‧吐溫懂幽默、擅諷刺，所以對於幽默的尺度也顯得寬容許多，他能

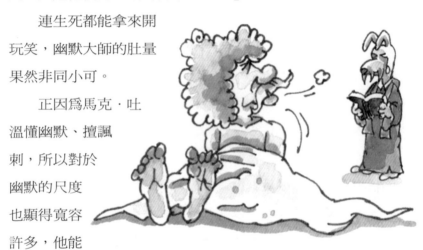

析解玩笑裡的成分，相對的，也能容忍更多非惡意的玩笑。即便對方充滿惡意，他也不怕，因為他很快就能予以回擊，絕不讓對方佔半點便宜。

用 幽默的方法，説出你的看法

瑞士教育學家裴斯塔洛齊曾經批判：「必須破除人與人之間的疑忌，而代之以互相信賴，破除自私自利代之以公眾利益；將

人培養成典型的公民，便能發揮公民的才能。」

在裴斯塔洛齊的觀念裡，唯有教導孩童學習信賴他人，懂得寬容待人，才能夠真正成為願為公眾出力的良好公民。

顯然，學習怎麼撐大肚皮，有容人的雅量，是教育應該多加著力的地方。

幽默是人際關係裡的緩衝劑，許多爭執在幽默的語言互動之下，出現了一些不至於正面衝突的喘息空間，當事人可以視情況予以規避或是重新填彈上場，對彼此來說都是一個可供轉圜的境地。

幽默感可以展現出一個人的坦然氣度，也可以呈現一個人的智慧深度。培養幽默感，也是培養自己的度量，能夠撐大自己的肚皮，撐出足以容人、愛人的雅量，無形中也開展了人生的寬度，減緩人際衝突的向度。

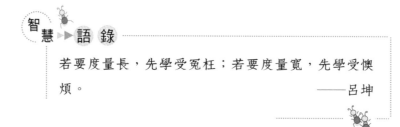

智慧語錄

若要度量長，先學受冤枉；若要度量寬，先學受懊煩。

——呂坤

運用機智守住機密

有些機密事情不能說就是不能說，如果真的是好朋友，就不該不體諒對方的處境，而執意要人說出秘密，讓人左右為難。

人是一種喜歡「偷窺」的動物，所以特別喜歡秘密，喜歡享受那種「只有我知道」的獨一無二的感覺，彷彿因為自己極為特別，才有權得知這個秘密。

人，喜歡自己是特別的、受人尊重的。

但人也是矛盾的動物，因為，他們一方面想保有自己的秘密，不讓別人知道，另一方面卻想運用各種方法，去探知別人的秘密。

遇到這種情形，你應該如何發揮機智加以因應呢？

美國羅斯福總統擔任海軍助理部長時，有一天，一位好友突然來訪。兩人閒聊了一會，朋友竟然問起，海軍在加勒比海的某個島上建立基地的事。

「我只要你告訴我，」羅斯福的朋友說：「我所聽到的那個有關基地的傳聞是否確有其事。」

羅斯福一聽楞了一下，朋友所要打聽的事，在當時是不便公開的；然而，既是好朋友出言相求，拒絕也不是，但是羅斯福職

責所在，不能輕易洩漏國家機密，所以，不拒絕也不是，那麼到底該如何是好呢？羅斯福陷入了進退兩難的局面。

雙方沉默了一陣子，羅斯福抬頭望了望四周，然後壓低嗓子向朋友問道：「你能保證你會保密、不張揚出去嗎？」

「能。」好友面露興奮的表情，急切地回答。

「那麼，」羅斯福微笑著說：「我也能。」

用　幽默的方法，說出你的看法

知道太多秘密，其實對自己並沒什麼好處。

怎麼說呢？因為，一旦知道了某些秘密，特別是不得公開的秘密，就面臨了要保守秘密的壓力；明明知道得一清二楚，卻一個字也不准說出來的那種感覺，其實是挺難受的。

如果，還有人整天挨在身邊，磨著你要把秘密說出來，那更

是一大煎熬，因為忍著不說心裡相當難受，遇著了某些關鍵字，還得千方百計地瞞過去，害怕洩漏了蛛絲馬跡；萬一，要是不小心說露了嘴，又不知會惹來什麼樣的麻煩，你說如何不煎熬？

朋友間講求肝膽相照，本來應該知無不言，言無不盡，但是，有些機密事情攸關個人和團體利益和安危，不能說就是不能說，一定要堅持原則。

反過來說，如果真的是好朋友，就不該不體諒對方的處境，而執意要人說出秘密，讓人左右為難。

羅斯福以子之矛攻子之盾，一句話巧妙地堵住了朋友的探詢，在滿足朋友的好奇心和堅守自己的分際之間，他選擇了盡職地保守秘密。如果，他的朋友能夠理解他的立場，相信一定也能諒解他所做的決定。

智慧▶▶語錄

如果感到生氣，開口前先數到十；如果非常生氣，就數到一百。　　　　　　　　——托馬斯‧傑弗遜

嚴格禁止不如迂迴暗示

說明得越含糊，越能在聽者心裡勾勒出諸多的想像，所達到的效果也就越好，比起厲聲指責、禁止，更能達到目的。

　　每個人都會設立某些規矩，在自己可以掌控的範圍內，也總是希望別人多少依著自己制定的規矩行事。

　　然而，人偏偏是最不守規矩的生物，一旦有人破了例，什麼規矩也管不了。所以有人打趣地說，規矩就是設來破壞的。

　　想要別人依著自己的規矩做事，首先，要讓規矩看起來不像規矩，就像接下來的這個例子一般。

　　法國著名女高音歌唱家瑪・迪梅普萊有一座美麗的私人林園。儘管，她已經標示這是私人林地，不希望未受邀請的人任意進入，但是每到周末，總會有人偷溜進她的林園摘花、拾蘑菇，有的甚至搭起帳篷，在草地上野營野餐，弄得林園一片狼藉，骯髒不堪。

　　迪梅普家的管家曾命人在林園四周圍上籬笆，並豎起「私人林園禁止入內」的木牌，但仍無濟於事，林園依然不斷遭踐踏、破壞。

　　於是，管家只得硬著頭皮向主人請示。

迪梅普萊聽
了管家的報告
後，請管家做一
些大牌子立在林
園的各個路口，
上面醒目地寫
明：「如果在林
中被毒蛇咬傷，
最近的醫院距此
十五公里，開車
約半小時即可到達。」

從此，再也沒有人闖入她的林園。

用 幽默的方法，說出你的看法

有些人天生反骨，就喜歡和人唱反調，別人說東，他偏要說
西；別人說不准進入，他偏要進去瞧瞧到底裡頭有些什麼不想讓
人看的東西。

要對付這種豬頭，硬碰硬絕對沒什麼好處，倒不如用迂迴的
方法，反其道而行，讓他知難而退，省事又不費力。

就像瑪‧迪梅普，說一百句「請勿進入」、「禁止入內」也
沒什麼用，那些人只要想得到就能溜得進來，倒不如警告他們裡
面有毒蛇，而能急救的醫院遠在天邊，不怕死的就來吧！

這種方法果然達到了極佳的效果，害怕毒蛇的人全不敢來了，

即使他們不見得會碰上毒蛇。

　　說明得越含糊，越能在聽者心裡勾勒出諸多的想像，所達到的效果也就越好，比起惡行惡狀地厲聲指責、禁止，更能達到目的。

　　政府推動法令也是相同的道理。貿然頒行一道禁令，勢必會引起相關利益團體的反對，使得法令推行受到了阻礙，然而如果能在宣導的同時，分析施行法令對該團體的好處，及不施行時對全民有何壞處，說不定在輿論的推動之下，就能順利施行。

　　所以說，與其強硬地規定，還不如柔軟地說服。

　　「智慧」真像天使降臨，舉起鞭子，把犯罪的亞當逐出了他的心房。
　　　　　　　　　　　　　　　　　　　　──莎士比亞

與其消滅敵人，不如增加盟友

以時間換取空間，以不流血、不衝突的方式，
無形之中，也能達成敵消我長的目的。

　　由於處事的立場不同，自然會有所謂的「敵友之分」，但是否一旦成為敵人，就永遠不可能成為朋友？

　　是否彼此的意見不同，就非得要互相敵對，誓不兩立，如同莎士比亞筆下的羅密歐與茱莉葉家族，只要一日為仇就得世世為仇，直到犧牲了羅密歐與茱莉葉的愛情為止？

　　其實，世上沒有永遠的朋友，也沒有永遠的敵人，一旦雙方的立場改變，局勢也將隨之改變。

　　以自由、平等為信念的亞伯拉罕‧林肯，在擔任美國總統的時候，對待政敵的態度，一度引起一位高層官員的不滿。

　　這位官員批評林肯不應該跟自己的敵人做朋友，而應該戮力地消滅他們，以確保自己的政權。

　　但是林肯聽了只是微微一笑，「當他們變成我的朋友時，」林肯十分溫和地說：「難道我不就是在消滅我的敵人嗎？」

　　與其花費心思去消滅一個敵人，不如試圖讓自己增加一位盟

友。因爲，當所有的人都成爲你的朋友，哪還有什麼敵人可言？

　　林肯之所以善待每一位有機會共事的人，是因爲他知道世事變化如此難料，今日的敵人，有朝一日，說不定會成爲自己成功的推手。

用幽默的方法，說出你的看法

　　朋友，是人生的寶藏之一，有了朋友的支持與激勵，即使是一句話、一個眼神，都可以讓自己在關鍵的時刻中，擁有一分安心的力量，生出強烈的信心，推動著自己勇敢地朝著目標前進。

　　然而，我們也需要敵人，因爲有了敵人的刺激，可以讓自己冷靜下來，正視自己當前的處境，正視自己的弱點。

　　當你有了競爭的對象，也才能帶來更上一層的成長。

　　何必爲了那些跟自己過不去的豬頭氣昏頭？面對敵人，要懂得用機智代替憤怒。如果一味以仇視、對抗的態度去處理事情，不只預設的立場容易使自己蒙蔽了理智，更容易使得周遭硝煙味十足，隨時都可能擦搶走火，最後造成兩敗俱傷的局面。

倒不如仔細地思索，看看是否能尋找有利於自己的契機，妥善加以運用；找尋可能爲自己所用的人才，慢慢加以拉攏，一點一滴慢慢地擴大自己的勢力。

以時間換取空間，以不流血、不衝突的方式進行應對，無形之中，也能達成敵消我長的目的。

當然，人不能單純到認爲這個世界沒有壞人，但是，最聰明的人，會懂得如何運用機智和壞人做朋友，在把持住自己的大原則之下，儘量化敵爲友，掌握住致勝的契機。

智 慧 ▶▶ 語 錄

伸出你的手去幫助別人，而不是伸出你的腳去踢倒他們。

——戴爾・卡耐基

找出你專屬的「洩氣」管道

有誰會喜歡一個天天瘤嘴、眉頭緊皺的人呢？
器量不大的人也能成為可愛的人，只要你找出
了自己專屬的「洩氣」管道。

每個人都有過生氣的經驗，因為生氣太容易了，只要心中有
了委屈、憤恨，不愉快的情緒很快就會衝上大腦，忍不住想動氣。

可是，心中有氣可不一定就能隨處亂發，還得看時間、地點、
場合，否則，自己的氣消了，卻引起別人的怨懟，非但把氣氛弄
僵了，還可能惹出一堆烏煙瘴氣的是是非非。

但話又說回來，若一個勁兒地把怒氣往肚裡吞，表面上還得
裝出一副若無其事的模樣，那可就需要極高的修養，不然，一不
小心沒控制好，就可能會被彼此積壓已久的怒氣炸得屍骨無存。

美國南北戰爭時代，曾經有過這麼一則小故事。

一天，陸軍部長斯坦頓來到總統林肯的辦公室，一進門，就
氣呼呼地說，有一個目無尊長的少將，竟用侮辱性的話語指責他
偏袒、自私。這樣子虛烏有的指控，讓斯坦頓氣得吹鬍子瞪眼睛、
臉紅脖子粗，恨不得立刻把那名造謠生事的傢伙抓過來痛打一番。

林肯安靜地聽完斯坦頓的抱怨，彷若同仇敵愾般，建議斯坦

頓立刻寫一封信，好好地回敬那傢伙，給他點顏色瞧瞧。

「狠狠地罵他一頓！」林肯說。

斯坦頓二話不說，立刻提筆寫了一封內容尖酸刻薄、措辭相當激烈的信，然後拿給林肯看。

「對了，對了。就是這樣，」林肯一邊讀著信，一邊高聲叫好：「沒錯就是這樣！好好教訓他一頓，你可真是寫絕了，斯坦頓。」

但是，當斯坦頓把信摺好，準備裝進信封裡時，林肯卻突然厲聲叫住他，問道：「斯坦頓，你要做什麼？」

「信寫好了，當然是寄出去啊。」斯坦頓被林肯總統的神情、態度搞得有些摸不著頭緒了。

「快別胡鬧了。」林肯大聲說：「這封信不能寄，快把它扔進爐子裡去，凡是生氣時寫的信，我都是這麼處理的。這封信寫完之後，你一定已經發洩了怒氣，瞧，現在感覺好多了吧！那麼就請你趕緊把它燒掉，再寫第二封信吧。」

用 幽默的方法，說出你的看法

沒錯，生氣的時候，因為心裡的怒氣控制了自己的心神，特別容易做出衝動且日後會後悔莫及的蠢事，也容易落入別人的激

將陷阱。

　　若是沒有適當的發洩管道，可以事先消消氣，那麼心裡的氣，就像是氣球裡的空氣，因為無處可漏，於是撐大了氣球，而且越撐越大，最後超出氣球所能負荷的限度，只好「碰」的一聲，徹底地爆發開來。

　　林肯的方法是，把心裡的怒氣全部寫了下來，任何不滿、不愉快，全部透過筆尖，一一發洩出來，然後一把火燒得灰飛煙滅。

　　因為，當你能將自己生氣的原因，以及對對方的種種不滿全部轉換成文字，無形中也讓你有了喘息、和緩、冷靜的空間，也才能重新以不同的角度去思考問題的癥結所在。

　　氣頭過了，才能靜下心來想想對方為什麼會有這樣的舉止，進而想出適當的解決方法，才能保持人際關係的和諧。

　　所以，尋找適合自己的專屬洩氣管道，讓自己能盡快地冷靜下來，是極為重要的事，特別是本來就器量狹小的人。

　　因為，器量不大的人，很容易被身邊的一些小事撩撥，也就是說氣球的容量比較小，能夠忍受的氣也就少，動不動就易發怒，「怒」形於色自然容易得罪人，人緣自然差。試想，又有誰會喜歡一個天天癟嘴、眉頭緊皺的人呢？器量不大的人也能成為可愛的人，只要你找出了自己專屬的「洩氣」管道。

智慧▶▶語錄

　　憤怒對別人有害，但憤怒時受傷最深的乃是本人。

　　　　　　　　　　　　　　　　　　　——托爾斯泰

人多勢眾不一定就會成功

真理是越辯越明的，別人的批評反而可以讓自己有更多的機會，以另一個角度看待事情。

　　常言道：「三人成虎」，意思是說，只要有幾個人在街上傳說路上有老虎出沒，最後大家就會信以為真了。

　　謠言傳得多了，常常會混淆視聽、以假亂真，所謂「一人傳虛，萬人傳實」，說的也是這個道理。

　　然而，真的只要一些人隨口說說，真相就會因此而被謊言掩蓋了嗎？

　　還是說，即使千萬人都認為是錯的，只要用坦然的心情面對，就有撥雲見日、水落石出的一天？

　　大科學家愛因斯坦自從提出了「相對論」之後，便在科學界引發了一場巨大的波濤，因為，在他的創見當中，有不少理論顛覆了傳統的觀念與說法，因此得到的褒貶不一。

　　一九三○年的時候，德國曾經出版了一本批判相對論的書，書名就叫做《一百位教授出面證明愛因斯坦錯了》。

　　愛因斯坦知道這件事後，卻禁不住哈哈大笑。

他說：「一百位教授，幹嘛要這麼多人？只要能證明我真的錯了，哪怕一個人出面也足夠了。」

愛因斯坦就是有著這樣的自信，所以他根本不怕與人辯論，因為真理是越辯越明的，別人的批評反而可以讓自己有別更多的機會，以另一個角度看待事情。

他的從容態度告訴我們，只要自己覺得自己是對的，那麼，不管有多少人反對，都應該堅持下去。

用 幽默的方法，說出你的看法

所謂「先者難為知，後者易為攻」，率先提出新理論、新想法的人，本來就會遭受到其他人的質疑與批判。唯有千錘百煉之後，所存留下來的，才是不容辯駁的真理。

行事當然要抱持著懷疑的態度，才不會讓自己落入人云亦云的陷阱裡，才能夠保持清明的理智，從各種角度思考可能的盲點，判斷事情的是非對錯。

除此之外，既然透過自己的推論與判斷得出了結論，就要對自己的答案有信心，不要每每想找人背書，非得要一群人壯大了聲勢，才敢去找人理論，這不反而顯得自己氣弱了嗎？

一百位教授又如何？

人數的多寡並不是致勝的唯一要素，重點在於所使用的武器夠不夠精良，有沒有睿智的攻防策略。

也就是說，切入的角度和論點，是不是真有與別人抗衡的能力，如果是的話，最後留存下來的才是最站得住腳的理論。

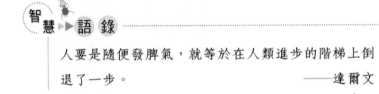

智慧▶▶語錄

人要是隨便發脾氣，就等於在人類進步的階梯上倒退了一步。

——達爾文

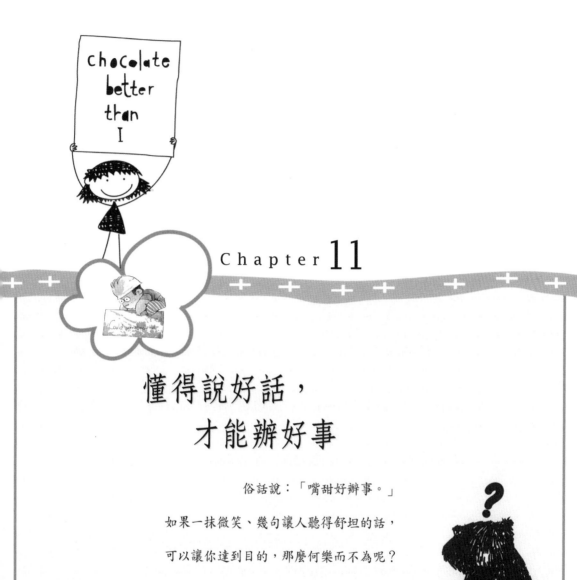

Chapter 11

懂得說好話，
才能辦好事

俗話說：「嘴甜好辦事。」

如果一抹微笑、幾句讓人聽得舒坦的話，

可以讓你達到目的，那麼何樂而不為呢？

自信就是坦然面對自己的缺陷

 自嘲不是示弱的表現，而是一門「對自我缺陷坦然」的藝術，可以讓你以更自信、更客觀寬容的角度面對自己與他人。

西方有句諺語是這樣說的：「幽默來自智慧，而惡語來自無能。」

然而，即使我們應該都同意這句話，但卻有許多人分不清楚什麼是幽默，什麼又是惡語。

幽默與惡語之間最大的區別，就是惡語者損別人，幽默者笑自己。

在一個盛大的聯誼晚會上，酷男靚女們打扮得漂漂亮亮，每個人都想要在舞池中與心儀的異性相擁，一同翩翩起舞。

與會的女性們一個個坐在舞池邊，等待男士的邀請。很快地，穿著美麗禮服的女生紛紛被邀進舞池，舞會的氣氛即將到達最高點。

此時，一個個頭偏矮的男子，前來邀請一位高20的女孩跳舞，只見他行了一個禮，開口說道：「小姐，不知道我是否有這個榮幸與妳跳一支舞？」

不料女孩卻眉毛一揚，輕蔑地回答：「我從不跟比我矮的男人跳舞。」

男子聽了以後並不生氣，只是微微一笑說：「是嗎？那我真是武大郎開店，找錯幫手了。」

這時候，旁邊一位女孩立刻站起來，對那位男士說：「請讓我跟你跳舞吧！我很欣賞你這樣的人。」

一旁的人全都拍起了手，於是，兩人緩緩走向舞池跳起舞來，留下高挑的女孩待在原處，一句話都說不出來。

用 **幽默的方法，說出你的看法**

幽默能讓人莞爾，在真正的幽默中，我們能夠感受到智慧與修養。惡語則相反，因為它本來就只是一種惡意，從惡語中，我們無法會心一笑、無法得到啟發，只是單純負面情緒的施放與累積。

一個總是取笑他人、拿他人的不足與欠缺來開玩笑的人，格調與精神高度，絕對無法與能夠幽默自嘲的人相比。惡語者不提自己的缺點，卻一直攻擊別人，正好就是他對於自己的缺陷難以釋懷的最佳證明。

故事裡矮個子的男生雖然沒有傲人的身高，卻擁有傲人的精神高度。這樣的人即使不是十全十美，但卻能夠擁有健康滿意的生命與人生感受。

要知道，自嘲不是示弱的表現，而是一門「對自我缺陷坦然」的藝術，可以讓你以更自信、更客觀寬容的角度面對自己與他人，這一點，對於每個人來說都是非常重要的。

多觀察，自然會知道如何說話

遇到問題時，千萬不要照著直覺來回答。別相信「直覺肯定沒錯」這種鬼話，要知道，你的直覺可不會乖乖地經過大腦。

在這個競爭劇烈的時代，每個想要成功的人莫不絞盡腦汁營造自己的形象，增強自己的人際脈絡，會不會說打動人心的話，更是成敗的分水嶺。

要是狗嘴吐不出象牙，那就很難有冒出頭的日子。

不說話，別人可能只會認為你沒禮貌。但若說錯話，別人大概更會覺得你沒水準、沒大腦！

一名說話不經大腦的男人在宴會上與一位美若天仙的小姐共舞。

跳著跳著，男人好奇地問道：「請問妳結婚了嗎？」

「還沒有。」小姐嬌羞地搖了搖頭。

男人又問：「那妳有孩子了嗎？」

小姐深感羞辱，於是轟了男人一巴掌，轉身而去。

男人痛定思痛，決定加強自己說話的藝術。

他再度邀請一名婦人共舞。

當兩人跳得正開心時，男人問：「請問妳有孩子了嗎？」

「有兩個。」婦人笑著說。

男人接著問：「那妳結婚了嗎？」

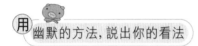

用幽默的方法，説出你的看法

如果你也有說話不經大腦的壞毛病，那麼，說話之前就應該先養成「停看聽」的習慣。

畢竟，講錯話比不講話的後果更糟，若是不能確定自己講出來的話是對的，那麼最好懂得「沉默是金」的道理。

另外，遇到問題時，千萬不要照著自己的直覺來回答。別相信「直覺肯定沒錯」這種鬼話，要知道，你的直覺可不會乖乖地經過大腦。

不過，為了怕說錯話而總是沉默不發一語，大概也不是什麼好事。最好的方式，就是多聽聽看別人怎麼說。

尤其是那些會說話的人，聽聽看人家是在什麼樣的情況下說什麼樣的話，相信這對於不懂得怎麼說話的人，或許會有點幫助。

話說太多，不見得有助於成功

就算是在這個人人力求表現的時代，沉默的人也並不一定總是吃虧；反而比別人更有機會仔細思考，做出最有利的決定。

在今日，大部分的時候我們都需要靠說話與表達突出自己，呈現自己的意見。不過，在某些時候，話說得太多卻未必是好，尤其，在不經意間洩漏了不該洩漏的事，那麼後果可就不妙了！

一名歹徒聲稱自己手上拿了一包炸藥，劫持了整架飛機。

不料，飛機在飛行途中油料耗盡，必須緊急降落。

此時，機長對劫機犯說：「趕快把炸藥扔出飛機，在迫降過程中會有劇烈振動，它會爆炸的。」

劫機犯立刻喝道：「少廢話！它根本就不會爆炸，我長這麼大，還沒聽說過沙丁魚罐頭會爆炸的！」

用 幽默的方法，說出你的看法

連這種事都可以說溜嘴，這名歹徒實在堪稱史上第一號天兵。

看來，「沉默是金」這句話還真是沒錯，沒事的時候少說兩句，

也許會保險一點。

儘管這個世界已經不再崇尚「沉默」的美德，會吵的小孩反而容易有糖吃，不過，我們也別因此就忘了「禍從口出」的道理。

法國作家拉布呂耶爾曾說：「如果講話沒有鞭辟入裡的機智和保持沉默的技巧，是很大的不幸。」

當然，並不是人人都擁有這種「鞭辟入裡的機智」，所以身為平凡人的我們，自然就更需牢記拉布呂耶爾的第二個原則，時時提醒自己懂得閉嘴的藝術。

很多人會因為嘴巴關不住，亂講話而為自己惹上禍事，但是仔細想想，好像還沒有人是因為太過沉默而招來不幸的。

因此，在你的舌頭還沒有為你招來無法挽回的麻煩之前，不妨試著與沉默做朋友。

你會發現，就算是在這個人人力求表現的時代，沉默的人也並不一定會吃虧，很多時候，懂得沉默的智慧，反而還比別人更有機會仔細思考，做出最利於自己的決定。

事事盡力，但不求樣樣勝利

我們活在一個充滿競爭的世界裡，只要出現競爭，就免不了會有比較。就算你不和別人比較，別人也會把你們拿來比較。

每個人都有自己的人生際遇。一味地羨慕別人是最愚蠢的，因為這對你的人生一點幫助也沒有。

能夠用幽默的心情珍惜自己現在已經擁有的，並且多想想自己還能貢獻什麼，這才是人生最好的際遇。

話說老王和老李兩個人，打從醫學院畢業以後，已經有十多年不曾見面。

某天，他們在路上不期而遇。

老王問老李：「哎呀！好久不見了，請問你現在在哪兒高就？」

老李回答：「我現在在某大醫院工作。」

老王一聽，不由得露出了欽佩的眼光。

因為，能夠進到某大醫院的，一定都是千挑萬選出來的人才。就連當年第一名畢業的老王，在醫界混到現在，也都還擠不進某大醫院的門檻。

　　這下子，真該要多和老李攀攀交情，看看他有沒有什麼門路能把自己一塊兒拉進某大醫院！

　　老王於是接著問老李：「你在某大醫院，是負責哪一科的？」

　　「哈哈，各科醫不好的，都由我負責。」

　　「哇，」老王羨慕得眼珠子都快要掉下來了，「真是士別三日，刮目相看啊！想不到你居然成了一位能治百病的醫生。」

　　老李沒有答腔，只是很靦腆地笑了一笑。

　　第二天，老王特地來到老李工作的醫院找他一塊兒吃午餐。

　　他一走進醫院大門，遠遠就看見老李的身影，接著，他聽見一名護士大聲對老李說：「老李，你動作快一點，急診室裡還有兩個急救無效的病患，正等著你推到太平間去呢！」

用 幽默的方法，說出你的看法

　　古希臘哲學家安提西尼曾說：「如同鋼鐵被鐵銹腐蝕一樣，喜歡羨慕嫉妒別人的人，總是被自己的情緒消耗掉。」

　　人與人之間，只要有了比較之心，自然會產生羨慕與嫉妒，繼而心理不平衡。想要杜絕這種惱人的心態，最好的方法，就是不要跟人比較。

　　只是，說時容易做時難，我們活在一個充滿競爭的世界裡，而只要出現競爭，就免不了會有比較。

　　就算你不和別人比較，別人也會把你們拿來比較。

　　因此，除了外在社會的價值觀，最重要的是，你必須在心裡建立一套自己的價值觀，不要因為別人的眼光而懷疑自己、瞧不

起自己，也不必隨著世俗的品味而起舞。

　　外在世界的評價如何，根本不重要，與其羨慕別人有一份好工作、好機遇，不如認認真真地做你自己。

　　事事盡力，但不求樣樣勝利，就不會有比較的心理。只要你能夠從目前的生活中得到樂趣，讓自己的內心感到滿足，這就是千金難換的美好人生！

實話不是人人都想聽

坦白是好事，但還是要注意適度。如果對方可以接受，那不妨直言其實，否則，還是要懂得有所保留比較好。

人人都不喜歡虛偽，特別是發現自己被欺騙時，那種遭人背叛的感覺，相信沒有幾個人願意嘗試；然而，凡事直言直語，帶給周遭人的情緒影響，有的時候卻未必是好。

「坦白」是一種美德，不過，要是坦白得太過徹底，毫不加以修飾，恐怕也不是人人都能接受的。

有一名患了絕症的病人，住進一間以「不欺騙患者」而聞名的醫院，請他們檢查自己的病況。

病人：「醫生，請你老實說吧，我的病情到底怎麼樣？」

醫生：「坦白說，你的病真叫我們傷腦筋。不過，別擔心，我們會在屍體解剖時，查明是什麼病的。」

用幽默的方法，說出你的看法

法國作家莫洛亞曾經在書中這樣說過：「真誠要注意適度，

即使交往的對象是至親密友。」

　　有些人或許認為，實話實說又有什麼不對呢？

　　話雖如此，若我們能夠將心比心，設身處地為聽的人想想，那麼也許就能明白真誠為何需要注意「適度」了。

　　試想，如果你的身高已經夠「恨天高」了，朋友卻總是喊你「哈比人」，或者取笑你的身高實屬「半殘」；又或者你身為「重量級」人物，大家也毫不避諱地把「胖得像豬」掛在嘴邊，就算他們的話未必出於惡意，說的也是事實，但聽了這些話，心裡可以完全沒有疙瘩的人又有多少？

　　尤其，如果是針對外表之外的批評，表達的方式也同樣直率，更可能讓你被列為「不受歡迎人物」之一。再更進一步想，要是你想要朋友改正一些缺點，是應該實話實說？還是加上一些善意的隱瞞與鼓勵會更有效？

　　坦白是好事，但確實要注意適度。如果你覺得對方能夠接受，並且相信說實話對他才是好的，那麼不妨直言其實；如果不是，還是要懂得有所保留比較好，如此一來，與他人之間的相處互動才會更和諧順利。

懂得說好話，才能辦好事

俗話說：「嘴甜好辦事。」如果一抹微笑、幾句讓人聽得舒坦的話，可以讓你達到目的，那麼何樂而不為呢？

從前的人常說，嘴巴甜一點，福氣也多一點。

這是因為人們多半愛聽好話，也比較喜歡有禮貌的人，因而會說話的人總是比較討人喜歡，做起事來，自然也順利多了。

一天，阿凡提的妻子洗好阿凡提的一件襯衫，掛在院子裡的一根樑木上晾著，天黑之後卻忘了收。

當天晚上，阿凡提在外面喝了酒，回到家裡，已經是半醉半醒了。他搖搖晃晃地走進屋子，根本沒有發現院子裡頭掛著衣服，就這麼迷迷糊糊地倒在床上睡著了。

半夜裡，阿凡提起床上廁所，經過家門口時，看見院子裡那件平平整整，晾在外頭的襯衫，遠遠一看，活像個人影。

阿凡提懷疑是小偷入侵，便悄悄回到屋裡，拿出槍來，然後對著襯衫結結實實地打了一槍。

由於時值寒冬，襯衫上頭早已結了一層又厚又硬的冰，挨了這麼一槍，便立刻從樑木上滑落到了地下。

阿凡提的妻子在睡夢中被槍聲吵醒，嚇得大驚失色，阿凡提對她說：「沒事沒事，院子裡來了個小偷，我已經開槍打死他了。妳繼續睡吧，有事等到明天早上再說。」

隔天早上，阿凡提和妻子一同來到院子找尋小偷的屍首，這才明白，那個不要命的竊賊，原來不過是一件襯衫。

阿凡提的妻子看見好好的一件衣服就這麼毀了，氣得臉色發青。阿凡提知道自己做錯事，只好裝瘋賣傻，對妻子說：「唉呀！多虧老天有眼，我還真是福大命大啊！妳想想，要是開槍的時候，我自個兒還穿在裡面，妳不早成了寡婦啦？」

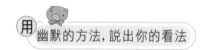
用 幽默的方法，說出你的看法

如果能讓一個人笑，那麼為什麼要弄得他哭？

如果能夠讓一個人轉怒為喜，那麼為什麼要跟他逞口舌之快？

說話的目的不只是表達個人的意見，更重要的是要讓人聽得舒服，聽得愉悅，這樣才能真正聽得進去。

嘴甜算不上是虛偽，而是一種基本的禮儀。

有句話叫「嘴甜好辦事」，如果一抹微笑、幾句讓人聽得舒坦的話，可以讓你達到目的，那麼何樂而不為呢？

想要成功的讚美對方，讓人感受到這是發自你內心的真心話，讓溝通更簡單，方法其實很簡單。

只要在話說出口之前，先在心裡說一遍給自己聽，細心考慮自己說出口的話聽在別人耳裡是什麼感覺，有沒有負面觀感，自然就懂得如何挑好聽的話說，並且還能把話說得更圓滿。

說話曖昧，當然會產生誤會

跟別人相處的時候，若是能夠抱持著同理心，多站在別人的立場設想，便能減少許多誤會發生的機會。

每個人的行事風格大異其趣，說話的方式也不盡相同。所以，表達自己意思的時候應當先察言觀色，對不同的人採取不同的說話方式，避免說錯話、表錯情，產生無謂的困擾。

不要以為自己很聰明、很受歡迎，要是說話曖曖昧昧，就很容易引起誤會，甚至被認為心懷不軌。

每個人都有自己的主觀認知和自以為是的偏見，正因為如此，人與人之間才經常因為曖昧的言語而衍生誤會。

例如，一名護士看到病人竟然在病房喝酒，於是忍不住走過去小聲叮囑他：「小心肝！」

病人見護士這麼「熱情」，不禁色瞇瞇回應：「喔，我的小寶貝。」

還有另一個因為說話曖昧而產生誤會的故事是這樣的。

週末下午，傑克原本打算和太太一同去電影院看恐怖電影，沒想到太太卻臨時說她不想去了。雖然傑克臉上露出了既可惜又

無奈的表情，但是心裡卻暗自鬆了一口氣，因為太太每次看恐怖電影時，總會忍不住大聲尖叫，讓傑克顏面無光。安撫好太太之後，傑克決定一個人去戲院。

在燈光昏暗的電影院裡，他找到自己的位置坐了下來。沒過多久，鄰座來了個女人，剛好也是單身；這名女士就座之後，不經意轉過臉來看了傑克一眼，傑克於是趁著這個機會，開玩笑地對她說：「我希望妳不會尖叫……」

女人聽了，臉上卻充滿驚恐的表情。

她一邊摀著自己的胸口，一邊喘著氣縮在自己的位子上說：「天哪，你打算要對我幹什麼？」

只要你能放下偏見與主觀，人際溝通其實是可以更圓融的。

當然，最重要的，是你真的有心想改善與他人之間的關係。

不論對方對你有多少誤會，不論情況有多麼惡劣，你都要主動跨出與他人良性溝通的第一步。

做人很難，做個處處都受人歡迎的人更難。

雖然沒有人能夠保證自己一定人見人愛，但若是在跟別人相處的時候，能夠抱持著同理心，多站在別人的立場設想，便能減少許多誤會發生的機會，為自己建立起一條人際溝通的康莊大道。

自以為是，就會變得什麼都不是

 那些自以為幽默的男人經常把氣氛搞得很冷，卻還不懂得適時的閉嘴，幾乎可以算是女人心目中「惡男排行榜」的榜首。

有句話說：「幽默男人的定義，是要會說笑話。而幽默女人的定義，則是要聽得懂男人所說的笑話。」

幽默的男人比較受歡迎，這是事實，不過，幽默只能意會無法言傳，同時也需要時間與經驗累積。所以，真想不出幽默的點子時，就中規中矩點，不要生搬硬套，否則就變成畫虎不成反類犬了。

十五歲的小明即將要赴人生的第一次約會，感到忐忑不安，心裡覺得非常緊張，不知道到時候在喜歡的女孩子面前該說些什麼。

爸爸看出了他的心事，便以過來人的經驗交代他：「孩子，要討女孩子歡心其實很簡單，和女孩子聊天，講來講去都離不開三個話題，那就是：食物、家庭、和哲學。」

小明把爸爸的話牢牢記在心裡，和心儀的女孩子碰面後，一塊兒來到一家咖啡店，兩個人面對面坐著，隔了很長一段時間，雙方都沒有開口。

　　小明覺得越來越緊張，想起了爸爸的忠告，於是問坐在對面的女孩：「妳喜歡吃提拉米蘇嗎？」

　　女孩子回答：「我一向不喜歡吃甜點的。」

　　接著，又是一陣沉默。幾分鐘以後，小明鼓起了勇氣，又開口繼續第二個話題：「請問妳有哥哥嗎？」

　　女孩搖了搖頭說：「沒有。」

　　此時，四周的空氣再度陷入膠著。不知道過了多久，小明決定使出最後一張王牌。他想了想，決定問女孩一個充滿哲學性的問題，於是再度開口問女孩：「如果妳有哥哥的話，妳覺得他會喜歡吃提拉米蘇嗎？」

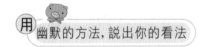

用 幽默的方法，說出你的看法

　　有人說：「幽默就像是沙漠中的玫瑰花，可以為生活裡帶來驚奇與喜悅！」也有人說：「幽默之於生活，就像是牛排之於牛排醬，少了它，生活將形同嚼蠟一般。」

　　不可否認的，女人都喜歡幽默的男人。然而，女人最討厭的，並不是男人沒有幽默細胞，而是那些明明不幽默還自以為幽默的男人。

　　因為這種人經常把氣氛搞得很冷，卻還不懂得適時閉嘴，幾乎可以算是女人心目中「惡男排行榜」的榜首。

　　因此，對男人來說，比幽默更重要的，就是自知之明。能夠了解自己的能力在哪裡，然後盡力展現出來，遠比盡說一些不好笑的笑話要來得高明多了！

用成果證明自己的堅持

想讓所有人滿意,結果將會是所有人都不滿意。要相信自己,用實際成果讓反對的人閉嘴,而不是隨著所有人的意見起舞。

風趣語言是人類交流的捷徑,人與人之間交往和溝通,都離不開語言。

語言,是我們表現自己、交流思想,並將喜怒哀樂等等複雜的情緒與情感傳遞出來的最佳方法。

至於幽默,則是語言的精華。在關鍵的場合說話,就必須懂得說機智風趣的話,讓別人留下深刻的印象。

想要表達自己的看法,或是突顯對方的錯誤認知,成功地使事情朝自己期望的方向發展,非但不能口出髒話,還要懂得運用一些幽默的說詞。

一個農夫正在餵豬,有人過來問他:「你用什麼餵豬?」

農夫回答:「用吃剩的東西和不要的青菜。」

那人於是說道:「我是大眾健康監察員,你用營養欠佳的東西餵大眾吃的動物,這是犯法的,必須罰款一百元!」

過了幾天,又來了一個穿著整齊的人問農夫:「多麼肥的豬

啊,你是用什麼東西餵牠們的?」

農夫說:「魚翅、雞肝、海鮮之類的。」

那人聽了之後,說道:「我是國際食物學會的視察員,世界上有三分一的人正在挨餓,你卻用那麼好的食物餵豬,罰你一百元!」

又過了幾天,來了第三個人,和前兩個人一樣,靠在豬欄上問農夫:「你用什麼餵豬啊?」

「先生,」農夫這次回答說:「現在,我每天發給牠們一些錢,牠們想吃什麼就自己去買什麼!」

用幽默的方法,說出你的看法

有一句諺語是這樣說的:「如果你企圖使世上的所有人滿意,結果將會是誰也不滿意!」

這位可憐的農夫正是陷入如此這般的田地,最後只好用「不關我的事,讓牠們自己決定」的方式來處理,如此一來,他就不必擔負任何責任。很多時候「讓他們自己決定」,的確是個消災保身的妙招。

不過,這個方法並非到處都行得通,總是會遇上沒辦法把決定權丟給別人的時候,恐怕到最後還是不得不自己決定,擔負起可能被人責罵的壓力。

在這種情況下,「堅持」就會是一項能讓自己在無止境的爭執中立定腳跟的方法。記住,不要想讓所有人滿意,如果抱著這種心態,結果將會是所有人都不滿意。只要根據你的理念與想法

好好做，即使會遇到反對的力量，以結局而言，那不過是小小的漣漪罷了。

　　要相信自己，最重要的是用實際的成果讓反對的人閉嘴，而不是隨著所有人的意見起舞。自古天下成功的人，都具有這樣的特質。

　　即使走自己的路將會為你招來負面的評價，但只要能做出一番成績，相信這些流言蜚語，最後都會隨著時間蒸發。

生活講義

156

用幽默的方法，說出你的看法全集

作　　　者	王　渡
社　　　長	陳維都
藝術總監	黃聖文
編輯總監	王　凌
出 版 者	普天出版社
	新北市汐止區康寧街 169 巷 25 號 6 樓
	TEL / (02) 26921935 (代表號)
	FAX / (02) 26959332
	E-mail：popular.press@msa.hinet.net
	http://www.popu.com.tw/
	郵政劃撥 19091443 陳維都帳戶
總 經 銷	旭昇圖書有限公司
	新北市中和區中山路二段 352 號 2F
	TEL / (02) 22451480 (代表號)
	FAX / (02) 22451479
	E-mail：s1686688@ms31.hinet.net
法律顧問	西華律師事務所‧黃憲男律師
電腦排版	巨新電腦排版有限公司
印製裝訂	久裕印刷事業有限公司
出 版 日	2019 (民 108) 年 8 月第 2 版

I S B N◎978-986-389-653-1　　條碼 9789863896531
Copyright◎2019
Printed in Taiwan ,2019 All Rights Reserved

國家圖書館出版品預行編目資料

用幽默的方法，説出你的看法全集／
王渡編著. —第 2 版. —：新北市, 普天
民 108.08 面；公分. - (生活講義；156)
ISBN◎978-986-389-653-1 (平裝)
CIP◎177.2

普天之下·盡是好書

普天 出版社
Popular Press